KÖNIGS FURT

Von denselben Autoren

Richard Witthüser / Angelique Kuhne:
Ein Engel für dich.
Engel-Orakel. 32 Inspirationskarten
(die gleichen Karten wie in diesem Buch,
separat in einem schönen Etui)
ISBN 978-3-89875-723-2

Richard Witthüser:
Die Wohnungs-Diät.
Endlich Platz für mich.
Nymphenburger Verlag

Von Pia Schneider sind folgende Titel im Königsfurt Verlag erschienen:

Engelhelfer
ISBN 978-3-89875-696-9 (Buch allein),
ISBN 978-3-89875-695-2 (Buch & Karten im Set).

Liebes-Orakel – Liebe, Glück, Erfolg
ISBN 978-3-89875-776-8 (Buch & Karten im Set).

Kipper Orakelkarten – Liebe, Glück, Erfolg
ISBN 978-3-89875-864-2 (Buch allein),
ISBN 978-3-89875-857-4 (Buch & Karten im Set).

Pia Schneider

EIN ENGEL FÜR DICH

Orakel

Liebe · Glück · Erfolg

Königsfurt

Idee und Realisation des Buchs: Pia Schneider,
nach Texten von Evelin Bürger & Johannes Fiebig
Text und Konzept der 32 Karten „Ein Engel für dich“: Richard Witthüser,
Illustrationen: Angelique Kuhne

Bibliografische Information Der Deutschen Bibliothek
Die Deutsche Bibliothek verzeichnet diese Publikation in der Deutschen Nationalbibliografie; detaillierte bibliografische Daten sind im Internet über http://dnb.dbb.de abrufbar.

Originalausgabe
Krummwisch b. Kiel 2007

D-24796 Krummwisch
www.koenigsfurt.com

Abbildungen Umschlag und Inhalt:
Karten „Ein Engel für dich“ von Richard Witthüser und Angelique Kuhne

Umschlag, Satz, Lithos: Stefan Hose, D-24357 Götheby-Holm
Printed in EU
ISBN 978-3-89875-865-9 (Buch separat)
ISBN 978-3-89875-723-2 (Karten separat)
ISBN 978-3-89875-858-1 (Buch & Karten im Set)

INHALT

Die einzelnen Karten im Überblick

WILLKOMMEN

DIE ENGEL SIND DA.
JEDEN TAG!
AUCH FÜR DICH!

Willst du wissen, was die Engel dir zu sagen haben? Dann frage jetzt einfach das Engel-Orakel!

Schließe die Augen und atme tief durch. Sende deine Gedanken und Herzenswünsche an die Engel. Ziehe ganz nach deinem Gefühl eine Karte. Öffne die Augen, schau deinen Tagesengel an und lese seine Botschaft. Das Engel-Orakel ist dein liebevoller Begleiter und immer für dich da. Du wirst spüren, wie gut das tut.

Ein Engel für dich – ein Engel für jede/n

Wir wenden viel Zeit darauf, eine Fremdsprache zu erlernen. Zum Beispiel Englisch – wie viele Jahre hast du dich damit beschäftigt? Manches lernen wir ziemlich gründlich und mehr oder weniger systematisch. Andere Dinge lernen wir eigentlich nie – die klappen offenbar sofort, da weiß anscheinend jeder von Geburt an Bescheid – zum Beispiel bei solchen Kleinigkeiten wie Liebe, Glück, Erfolg.

Ein merkwürdiges Missverhältnis. Gerade die Dinge, die persönlich wirklich wichtig sind – wie eben Liebe, Glück, Erfolg – lernen wir nur, wenn wir uns selbst darum kümmern.

Viele Menschen beschäftigen sich aber mit diesen wichtigen Lebensthemen überhaupt nur dann und solange, wie sie in einer Krise sind. Kaum ist die Krise überwunden, geht es fast so weiter wie zuvor.

Kein langweiliges Halleluja

In diesem Punkt sind die Engel anders. Es gibt verschiedene Sichtweisen auf Engel, je nach Religion oder esoterischer Richtung. Die Autorin betrachtet Engel als ein Symbol für die größeren Möglichkeiten, die in jedem Menschen schlummern. Die Botschaft der Engel besteht in diesem Sinn eindeutig darin, seine größeren Möglichkeiten zu erforschen und zu nutzen.

Die Texte in diesem Buch handeln nicht von einer utopischen Idylle. Und auch nicht davon, dass du nur geduldig, lieb und artig sein sollst, damit schon alles gut werde.

Die Engel wollen, dass du deine größeren Möglichkeiten entdeckst. Dass du ein großes Leben lebst (wie es zum Beispiel bei der Karte »Fülle« heißt). Dass du nicht wartest, bis dich jemand abholt. Dass du nicht nur in Krisen oder zu seltenen Anlässen mal über deine Lebenschancen nachdenkst. Dass du, zumindest so intensiv und so ausdauernd wie du Englisch lernst, dich mit den Geheimnissen von Liebe, Glück und Erfolg beschäftigst. Dass du dich informierst, Nachforschungen anstellst, verschiedene Wege selbst ausprobierst.

Um all das und einiges mehr zu erleichtern, wurden diese Engelorakelkarten erfunden. Das Orakel mit seinen Tageskarten, seinen Auslagen und seinen Botschaften solltest du als ein ständiges Training verstehen – eine Ermunterung und Unterstützung –, um mehr über deine wirklichen Möglichkeiten herauszufinden.

Persönliche Aufgaben und Abenteuer

Andere vergessen gerade in Zeiten, die ihnen schwierig erscheinen, welche positiven Qualitäten sie besitzen. Mut, Begeisterung, Ruhe, Fülle und Vertrauen stecken in jedem von uns. Wachstum, Glück und Freude können wir auch in schwierigen, unsicheren Zeiten erfahren. Doch gerade dann brauchen wir wieder eine Erinnerung daran, dass wir die Engelseigenschaften immer in uns tragen. Auch wenn wir es selbst nicht merken.

»Das Paradoxe ist ja oft«, so Richard Witthüser, der Erfinder unserer Engelkarten, »dass wir unsere Engelseigenschaften dann am meisten brauchen, wenn wir glauben, für sie keine Zeit zu haben. In der Karte ›Geduld‹ heißt es: ›Geduldig solltest du vor allem immer dann sein, wenn du eigentlich keine Zeit dazu hast.‹«

Die Engelkarten geben dir jeden Tag eine kurze, prägnante Botschaft mit auf den Weg. Man schließt die Augen, atmet tief durch und sendet seine Gedanken und Herzenswünsche an die Engel. Danach zieht man eine Karte, sieht seinen Tagesengel und liest die Botschaft. Das alles geht schnell – und es ist wirkungsvoll.

Engelorakel für mehr Liebe, Glück, Erfolg

Die Kartenbilder sprechen deine Fantasie und deine Intuition an. Sie wirken wie ein Spiegel, sie sind wie ein Brief, den du dir selbst schickst.

Einer der großen Vorteile des Engelorakels ist: Du weißt, wenn du die Karten liest, immer, dass du es bist, die oder der da bestimmte Dinge sieht und hineininterpretiert. Du hast beim Engelorakel die Karten in der Hand. Da ist kein fremder Meister oder eine Meisterin, die dir etwas vorbetet, es gibt kein starres Raster oder esoterisches System.

Das Engelorakel setzt auf dein eigenes Interesse, ein tieferes Verständnis für Situationen und Probleme deines Alltags zu erlangen. Zugleich ist das Engelorakel als ein Spiel angelegt, und es behält immer auch seinen spielerischen Charakter, selbst wenn du dabei sehr tief in dich hineinschaust.

Ein beflügelter Alltag

Eine bestimmte Karte, zu Hause oder am Arbeitsplatz platziert, kann wie der Knoten im Taschentuch an gute Vorsätze erinnern. Man kann sich gegenseitig die Karten legen und gemeinsam neue Perspektiven gewinnen.

Mit Hilfe der Karten kannst du eventuell leichter von dir und deinen Ideen erzählen. Die Karten können in persönlichen Gesprächen als Brücke dienen, andererseits helfen sie auch, eine gewisse Distanz zu wahren, wenn du das möchtest. Geeignet ist das Engelorakel außerdem für Phasen der Zurückgezogenheit und für Meditationen. Auch in Selbsterfahrungs- und Gruppenprozessen hat es sich als Hilfsmittel bewährt.

Die Befragung des Engelorakels

Das Engelorakel macht die Begegnung mit der Schönheit und Weisheit, der Kraft und der Liebe der Engel zu einer bewussten täglichen Erfahrung.

Wenn du mit dem Engelorakel arbeitest, werden dir innere Führung und spirituelle Erkenntnis zuteil. Die Karten helfen dir, dich auf höhere Schwingungen – auf die Frequenz der Engel – einzustimmen. So wirst du mit ihnen leicht und dauerhaft in Verbindung bleiben. Du wirst die helfenden Hände der Engel spüren.

Die Zukunft kann das Engelorakel allerdings nicht vorhersagen. Denn die Zukunft liegt in deinen eigenen Gedanken und Entscheidungen – und sie liegt bei Gott, der im Himmel sowie unter den Menschen und in jedem von uns wohnt!

Nichts Zukünftiges ist bereits jetzt unwiderruflich festgelegt. Wenn du der Inspiration durch die Engel folgst, erlebst du Dinge, die du dir vorher vielleicht nicht vorstellen konntest. Du ziehst plötzlich Menschen und Situationen an, die deiner Suche entgegenkommen.

Wenn du dich in eine Meditation versenkst, beginnst du, dich innerlich zu öffnen. Es ist sicher, dass diese Arbeit, wenn du sie kontinuierlich ausführst, dir helfen wird, alte negative Gedankenmuster abzulegen, emotionale Blockaden zu lösen und neue Tore zu öffnen.

Das Engelorakel bringt Licht in den Alltag. Das ist nicht immer angenehm. Manchmal sieht man auch den alten Schmutz viel klarer, wenn mehr Licht hereinfällt. Aber man weiß umso besser, was zu tun ist.

Und so wird's gemacht

Eine gute Vorbereitung für die Befragung des Engelorakels ist es, innezuhalten, zur Ruhe zu kommen und zu schweigen. Man schließt die Augen, atmet tief durch und sendet seine Gedanken und Herzenswünsche an die Engel.

In diesen Augenblicken der Stille, in denen das ununterbrochene Geplapper unserer Gedanken und das noch lautere Gepolter unserer Emotionen verstummen, lassen die Engel leise die schönsten Inspirationen, Botschaften oder beflügelnde neue Ideen in unserem Bewusstsein keimen.

Wenn du dir ein bisschen Zeit nimmst, um tief durchzuatmen, dich zu entspannen und deine Gedanken zur Ruhe zu bringen, bevor du eine Befragung des Orakels beginnst, wirst du viel mehr von den Engeln empfangen, als wenn du ohne eine solche Vorbereitung ans Werk gehst.

Öffne dich und vertraue darauf, dass die Antwort der Engel in der Karte oder in den Karten liegt, die du nun ziehen wirst.

Manchmal passiert es, dass wir die Antwort, die uns eine Karte gibt, nicht sogleich verstehen. Dann ist am besten, sich erneut ruhig hinzusetzen und zu meditieren. Blicke tiefer in dich hinein. Betrachte das gezogene Kartenbild noch einmal, dann wird dir der Sinn der Botschaft klarer werden.

Am besten ist es, zuerst die Befragung des Orakels mit einer Karte oder mit drei Karten zu üben. Danach können auch größere Auslagen gemacht werden!

Eine Karte ziehen

Formuliere in Gedanken deine Frage oder sprich sie laut vor dich hin, während du die Karten mischst. Dann zieh eine Karte aus dem Stapel – oft wird empfohlen, mit der linken Hand zu ziehen, aber eigentlich ist es gleich, ob du dazu die linke oder die rechte Hand nimmst.

Manche bevorzugen es, die Karten fächerförmig auf dem Tisch auszubreiten, die Hand darüber wandern zu lassen und dann intuitiv eine Karte aus dem Fächer zu ziehen. Wie auch immer du es machst, entscheidend ist die innere Einstellung, die richtige Mischung aus Konzentration und Offenheit.

Drei Karten ziehen

Wenn du deine Frage gestellt hast, ziehe bei dieser Übung wiederum drei Karten aus dem Kartenstapel oder aus dem auf dem Tisch ausgelegten Kartenfächer. Nimm die drei Karten von oben, von unten oder aus der Mitte, zu denen du dich spontan am meisten hingezogen fühlst.

Die erste dieser drei Karten steht für die unmittelbare Vergangenheit. Das ist die Zeit der Genese, der Herausbildung deiner heutigen Frage.

Die zweite Karte steht für die Gegenwart, für die aktuelle Situation, und genau hier und jetzt wird die Antwort gegeben, die Idee zur Lösung deiner Frage geboren.

Die dritte Karte steht für die nächste, recht kurzfristige, unmittelbare Zukunft, die nächste Entwicklung und die möglichen nächsten Schritte, die das Engelorakel dir vorschlägt.

Decke die Karten jeweils einzeln auf, betrachte das Bild und lies die Hinweise zur betreffenden Karte.

Wenn du alle drei Karten aufgedeckt hast, meditiere über die Antwort des Engelorakels.

Betrachte die Entwicklung in den drei Karten. Worin unterscheiden sie sich, was haben sie gemeinsam? Welchen Zusammenhang, welchen Hinweis erkennst du darin?

Schließe die Befragung ab, indem du ein Resümee, einen inneren Vorsatz laut vor dich hinsagst.

Dann beende die Sitzung mit einer Verbeugung, deinem Resümee und einem tiefen Atemzug.

Wie lautet die Botschaft?

Die Botschaft und der Ratschlag der Engel sind in den Karten enthalten, die du gezogen hast.

Wenn die Antwort klar erscheint, dann zieh für dich eine Schlussfolgerung daraus und beginn mit der praktischen Umsetzung derselben. Erst dann ist die Deutung abgeschlossen. Erst dann ist ein Gedanke zu Ende gedacht, wenn man etwas für seine Umsetzung tut!

Sollte die Antwort jedoch zunächst noch unklar sein, ist es wichtig, erneut zu meditieren, tief durchzuatmen – für etwas Abstand zu sorgen – und dann noch einmal die Karten zu betrachten.

Wenn du einige Zeit mit einer oder mit drei Karten Erfahrungen gesammelt hast, kannst du auch eine der folgenden Auslagen zu Rate ziehen.

»Engels Wegweisung«

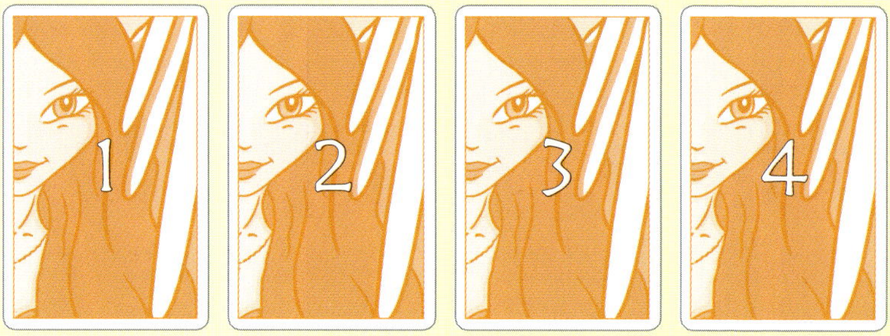

1 – »Das kennst du bereits«
2 – »Das kannst du gut«
3 – »Das ist noch neu«
4 – »Das lernst du nun dazu«

»LERNAUFGABEN«

1 – »Was hast du erfahren?«
2 – »Worauf kannst du dich verlassen?«
3 – »Welche Wünsche machen dich stark?«
4 – »Welchen Ängsten willst du dich stellen?«
5 – »Wo liegen deine Hemmnisse?« / »Was passt nicht mehr zu dir?«
6 – »Wo findest du Unterstützung?«
7 – »Wie kannst du deinen Wünschen Nachdruck verleihen?«

»Engels Ruf«

1 – »Dein Thema, dein Problem«
2 – »Deine Aufgabe; mein Ruf an dich«
3 – »So wird es gelingen; deine Chance«

»Engels Rat«

1 – »Dies lasse los; das ist jetzt nicht wichtig«
2 – »Dies übe fleißig; das hilft dir weiter«

»Das grosse Engel-Orakel«

1 – »Dein Ausgangspunkt, deine himmlische Heimat«
2 – »Deine Begabung, eine besondere Stärke«
3 – »Ein altes Problem für dich, eine Erblast«
4 – »Deine Schwäche, auch: wofür du eine Schwäche hast«
5 – »Ein neuer Anfang, der den Himmel erfreut«
6 – »Neue Talente, die du erweckst«
7 – »Ein Geschenk des Himmels für dich«
8 – »Deine aktuelle Aufgabe auf Erden«

»Selbstbefragung«

1 – »Wer bist du?«
2 – »Was brauchst du?«
3 – »Wie bekommst du es?«

Zum Schluss

Zum Schluss ist es in jedem Falle wichtig und angemessen, sich einen Augenblick Zeit zu nehmen, um den Engeln zu danken.

Mach dir noch einmal bewusst, dass du mit jedem Mal, wenn du das Engelorakel befragst, die Reichweite deiner Gedanken und seelischen Empfindungen erhöhst. So öffnest du selbst das Tor zu neuen Horizonten, für neue, höhere und schönere Möglichkeiten.

Jede und jeder hat einen Engel. Es kommt nur darauf, dass man ihn erkennt und seine Hilfe annimmt!

EIN ENGEL FÜR DICH

DAS ENGEL-ORAKEL

BEGEISTERUNG

Dich trägt heute der Engel der Begeisterung durch den Tag.
Für Menschen ist es natürlich, mit Begeisterung zu leben. Auch wenn es nicht normal erscheint.

Die Flügel der Engel sind aus Begeisterung gemacht. So trägt sie das Universum. Auch du kannst deine Flügel wachsen lassen.

Finde heute etwas, das dich ganz und gar begeistert.

Hier geht es um alles, für das du Feuer und Flamme bist – also deine Idole, Ideale und Ziele, einfach die Highlights deines Lebens. Das erste Zauberwort bei dieser Karte heißt daher: Freude. Das zweite Zauberwort lautet: Kontinuität. Die Dinge, die dich langfristig begeistern, setzen am meisten Power bei dir frei.

Die Flammen der Begeisterung speisen sich aus deiner Entschlossenheit, deiner Lebendigkeit und deinem Tatendrang. Sie stehen dir als Energiereservoir immer wieder neu zur Verfügung. Es hängt allein von dir ab, ob du dich engagierst, dich behauptest und dich selbst verwirklichst. Du hast die Kraft, Dinge in Bewegung zu setzen und voranzutreiben. Dank deiner Kreativität kannst du einen abwechslungsreichen Tag mit Abenteuern, Spannung und Dynamik erleben.

Dazu hilft eine kleine Übung: Atme zehnmal tief ein und aus. Schließe die Augen und sage: »So, jetzt komme ich ...«, und dann beobachte, was dir in diesem Augenblick als Erstes in den Sinn kommt. – Merke es dir, und handle demgemäß.

Die Karte der BEGEISTERUNG bietet gute Chancen, Arbeiten abzuschließen, neue Projekte zu beginnen und allgemein Farbe in den Alltag zu bringen.

Bei dieser Karte geht es darum, ...
... dass du deiner Lust folgst.
... dass du dich für etwas Wichtiges entscheidest.
... dass du alten Ballast hinter dir zurücklässt.
... dass du eine Sache selbst in die Hand nimmst.

TIPP

Kämpfe um dein Glück. Warte nicht länger. Vermeide aber Kurzschlusshandlungen.

♥ LIEBE

Schluss mit dem Schmollen. Jeder Mensch wird gern eingeladen. Also lade jemanden ein – oder lade dich ein (bei jemand anderem oder bei dir selbst).

♣ GLÜCK

Neue Abenteuer warten auf dich. Plane bei all deinen Vorhaben genügend Raum für überraschende, tolle Momente ein.

↗ ERFOLG

Such dir große und dich fordernde Aufgaben, an denen du wachsen kannst.

FREUNDSCHAFT

Dein Engel erinnert dich heute daran, Freundschaften zu pflegen. Freundschaften sind einfach da und halten ewig. Bist du sicher?

Freundschaften müssen gepflegt und gehegt werden wie Blumen und Bäume. Wann hast du dich das letzte Mal bei alten Freunden gemeldet? Einfach so, ohne besonderen Anlass.

Freundschaften sind den Engeln wichtiger als Karriere. Heute ist dein Engeltag für Freunde.

Diese Karte steht für Glück und Freundschaft zwischen zwei (oder mehreren) Menschen. Liebe, Verständnis und Bereitschaft zu Kommunikation und Austausch bilden die Basis für erfüllende Beziehungen und tolle Begegnungen. Über solchen Zusammentreffen liegt ein Engelszauber.

Sei großzügig und lass andere an deiner Freude und deinem Kummer Anteil nehmen. Sei nicht verschlossen, teil dich mit: Sprich mit dem Mitschüler, dem Nachbarn oder dem Kollegen, der dir immer noch fremd ist. Sage deinen Freunden auch, was dir nicht passt. Weihe deine Freunde zur gegebenen Zeit in deine Geheimnisse ein. Verfahre nicht nach der Devise: »Kritisiere immer, lobe selten bis nie« (oder auch umgekehrt).

Sag den Freunden, was du von ihnen erwartest und was du ihnen geben möchtest. Warte nicht, bis der oder die andere es vielleicht errät. Je klarer du dich mitteilst, desto besser und unkomplizierter ist es für alle.

Die Karte der FREUNDSCHAFT bietet gute Chancen, dass deine Anteilnahme und dein Mitgefühl erwidert werden.

Bei dieser Karte geht es darum, ...

... dass vielleicht jemand dein Freund sein möchte, an den du noch gar nicht denkst.

... dass auch Menschen, die Fehler und Schwächen haben, gute Freunde sein können.

... dass auch Menschen, die für dich Stars sind, deine Freunde sein können.

... dass du deine Gefühle nicht an die Falschen verschenkst.

TIPP

Es muss nicht sofort klar sein, wer deine Liebe und deine Unterstützung verdient hat. Zum Beispiel geht es bei einem Streit manchmal gar nicht um den scheinbaren Aufhänger, sondern darum, dass jemand deine Aufmerksamkeit erregen möchte.

♥ LIEBE

Da ist noch jemand, der sich für dich interessiert und sich heute bei dir meldet. Du wirst überrascht sein, wer es ist.

♣ GLÜCK

Gib anderen die Gelegenheit, über die wirklich wichtigen Dinge zu sprechen, und höre zu, ohne gleich auf alles eine Antwort geben zu müssen.

ERFOLG

Teile deine Erfolge mit anderen, aber mach dich unabhängig vom Urteil anderer, wenn du deine Ziele festlegst! Bist du sicher, dass deine Gefühle von den anderen genügend beachtet werden?

GEDULD

Dein Engel bittet dich heute um Geduld in allen Dingen. Geduldig solltest du vor allem immer dann sein, wenn du eigentlich keine Zeit dazu hast.

Mit der Geduld der Engel merkst du, dass du nur im Jetzt leben kannst. Wenn du heute an einer Ampel warten musst oder ein Termin sich verzögert, gibt dein Engel dir die Gelegenheit zu erleben, dass du hier und jetzt lebst. Nicht in der Zukunft, nicht in der Vergangenheit.

Sag dir: Ich warte nicht, ich lebe.

Die Karte signalisiert ein glückliches, erfülltes Leben mit allem, was du brauchst. Du bist bodenständig genug, um über ein gesundes Maß an Pragmatismus und Realitätssinn zu verfügen. Dass man einen Schritt nach dem anderen machen muss, braucht dir keiner zu sagen.

Wenn du geerdet bist, kannst du Dinge ausdauernd und effektiv angehen, ohne dich selbst mit perfektionistischen Ansprüchen zu plagen. Dann gehörst du zu den Glücklichen, die eine Sache beherzt anfangen und entschlossen durchführen, sie dann aber auch beenden und loslassen können. Damit vermeidest du in die Spirale aus Hektik und Erschöpfung zu geraten.

Geduld ermöglicht vieles! Wenn du mit anderen zusammenarbeitest, kannst du alle deine Kräfte mobilisieren, um ruhig, konzentriert und ausgeglichen zu sein.

Die Karte der GEDULD bietet gute Chancen, schwierige Aufgaben zu bewältigen und auch ein großes Hindernis zu beseitigen.

Bei dieser Karte geht es darum, ...

... dass du alle deine Kräfte mobilisierst.
... dass du klare Ziele vorgibst, so dass andere problemlos mitmachen können.
... dass du dich von Schwierigkeiten nicht unterkriegen lässt.
... dass du genau bestimmst, welche Herausforderung du wann annehmen willst.

TIPP

Es gibt nichts Gutes, außer man tut es. Gut' Ding will Weile haben! Zuviel Geduld ist ungesund. Du hast immer eine Wahl. Bleib aufmerksam. Beobachte und analysiere die Lage.

♥ LIEBE

»Wer meint, alle Früchte würden gleichzeitig mit den Erdbeeren reif, versteht nichts von den Trauben.« (Paracelsus)

♣ GLÜCK

Großes Glück wartet auf dich, wenn du dich konzentrierst, deine Kräfte bündelst und nicht davor zurückscheust, die Hilfe anderer in Anspruch zu nehmen.

➚ ERFOLG

Wer mit anderen zusammenarbeitet, vervielfacht seine Kräfte. Du hast Freunde, die dich unterstützen, doch auch Freunde machen gelegentlich Fehler. Hab Geduld mit ihnen!

GERECHTIGKEIT

Dein Engel fordert heute Gerechtigkeit von dir. Etwas nach seinen Vorstellungen zurechtbiegen, sich selbst als unschuldiges Opfer oder als makellosen Helden darstellen – wer kann das nicht?

Jetzt zeigt dein Engel dir den Weg zu einem neuen Lebensgefühl. Steh zu dem, was ist. Akzeptiere dich mit allen deinen Fehlern. Sage die Wahrheit.

Du brauchst dir nichts vorzumachen. Sei, was du bist.

Es gibt nichts absolut Richtiges oder Falsches, wohl aber persönliche Wahrheiten. Keiner darf seine Überzeugung dem anderen aufzwingen. Und keiner sollte die Gültigkeit seiner eigenen Werte generell in Frage stellen müssen. Gerechtigkeit hat mit Respekt zu tun, mit Selbstbewusstsein und mit der Überprüfung eigener und fremder Auffassungen.

Du kannst und musst alles eigenständig analysieren und abwägen. Du weißt am besten, was für dich zutrifft und was dich überzeugt, und das musst du auch ausdrücken und vertreten können.

Du allein bist derjenige, der sich aus der Vielzahl der Erkenntnisse und Standpunkte eigene auswählt. Triff deine Wahl sorgfältig und steh zu deiner Sicht der Dinge.

Die Karte der GERECHTIGKEIT zeigt gute Chancen an, das Richtige zum richtigen Zeitpunkt zu tun.

Bei dieser Karte geht es darum, ...
... dass du den Mut für eine neue Entscheidung besitzt.
... dass du loslassen kannst und dich nicht an Altes klammerst.
... dass du überholte Vorstellungen aufgibst.
... dass du neue Zielvorstellungen entwickelst.

TIPP

Manche Träume und Ziele mögen in der Vergangenheit berechtigt gewesen sein – jetzt sind sie womöglich verblüht und vertrocknet. Manche Wunschvorstellungen mögen in der Vergangenheit fast utopisch gewesen sein – jetzt sind sie eventuell herangereift und besitzen ganz neue Möglichkeiten. Zu jedem Wachstum gehört Besinnung – und die Notwendigkeit von Abschied und Neuanfang.

♥ LIEBE

Sei ehrlich und frag nicht zuerst danach, welchen Eindruck du machst! Du hast eine Menge zu bieten, so wie du bist.

♣ GLÜCK

Sei froh, dass du wächst und dich weiterentwickelst. Gönn dir die Zeit für einen Blick zurück. Sprich mit anderen darüber.

ERFOLG

Manchmal tut es weh, sich von Gewohnheiten zu verabschieden. Was in deinem Leben wertvoll war, hat auch in Zukunft Bestand. Wirkliche Freunde verlierst du nie.

MITGEFÜHL

Heute weckt dein Engel das Mitgefühl in dir. Mitgefühl bedeutet, mit allen Wesen verbunden zu sein. Egal, ob groß oder klein, nett oder unfreundlich, arm oder reich.

Wenn du dich heute dabei beobachtest, wie du etwas ausgrenzt – andere Menschen, Ideen oder einen Charakterzug von dir – dann ist deine Chance da!

Übe dich in Mitgefühl. Du wirst eine starke Kraft in dir entdecken.

Du lebst aus deiner Mitte, und da hast du eine große Seele mit viel Verständnis – für dich und für andere. Das verleiht dir viel Wärme und eine erotische Ausstrahlung.

Du weißt, worauf es ankommt, und kannst sehr hartnäckig sein. Du bist teilnahmsvoll und aufmerksam. Du weißt, dass es für alles seine Zeit gibt, dass alles seinen eigenen Verlauf nimmt, den man durch Einmischung, Hektik oder Beschwörung doch nicht ändern kann. Wer von dir beschützt wird, kann sich glücklich schätzen. Vergiss nur nicht, auch für dich selbst zu sorgen!

Die Karte des MITGEFÜHLS bietet gute Chancen, viel zu erleben und viel zu bewegen. Hege deine Gefühle wie einen Garten, und lass 100 Blumen blühen!

Bei dieser Karte geht es darum, ...

... dass deine Gefühle eine deiner großen Stärken sind.

... dass du deine Gefühle, positive wie negative, und deine gefühlvolle Zuwendung nicht an Menschen vergeudest, die das nicht zu schätzen wissen.

... sich der Gefahr bewusst zu sein, verletzt und ausgenutzt zu werden, wenn man sich mit seinen Gefühlen den falschen Menschen anvertraut.

... sich um die zu kümmern, für die sich sonst niemand einsetzt.

TIPP

Meistens ist es genau richtig, offen zu sagen, was du denkst und fühlst. Nur manchmal ist es nicht angebracht. Also überlege gut, wer dein Vertrauen verdient.

♥ LIEBE

Nur Ehrlichkeit hilft hier in der Liebe weiter. Gibt es vielleicht etwas, bei dem du aus falscher Rücksichtnahme nicht ehrlich warst? Oder wo du dich nicht getraut hast nachzufragen? Prüfe, ob da etwas in dir gärt. Es ist jetzt Zeit zu sagen, was du wirklich willst.

♣ GLÜCK

Deine Gefühle kannst jederzeit offen zeigen. Dabei musst du weder fremden Erwartungen entsprechen, noch müssen die anderen auf dich so reagieren, wie du es vielleicht erwartest.

➚ ERFOLG

Sei bereit, ganz da zu sein, aus dir heraus zu handeln und auf das, was geschieht, Antworten zu geben. Das ist deine Verantwortung. Du brauchst es niemandem recht zu machen außer dir. Sei dein/e Freund/in und liebe dich.

RUHE

Dein Engel empfiehlt heute, dir einfach mal Ruhe zu gönnen. Auch wenn alle meinen, sie müssten alles schneller und schneller tun.

Engel lassen sich Zeit: In der Ruhe liegt die Kraft. Hör auf zu hetzen, um dann später etwas anderes in Ruhe machen zu können. Das ist ein Trugschluss. Später hetzt du dann wieder für später.

Der Sinn des Lebens liegt im Leben, nicht im Fertigwerden.

Wer viel vorhat, muss auch mal Pause machen. Deine Leidenschaft hat dich erschöpft, sie wird dich aber auch wieder aus der Erschöpfung herausführen.

Du kannst dir jede künstliche Profilierung und überzogene Selbstbehauptung sparen. Komm zur Ruhe, spüre deinen Atem und deine Wärme. Hast du heute schon gelebt? Orientier dich nicht zu sehr an äußeren Pflichten und Zielen. Komm ihnen nach, aber achte auf deine Verantwortung dir selbst gegenüber und auf dein persönliches Wohlergehen.

Oft sind es Kleinigkeiten, die aus der täglichen Routine etwas Abwechslungsreiches und Erfreuliches machen. Du musst deine Kreativität einsetzen, und das ist keine Kleinigkeit. Es ist eine Frage des Lebensgenusses und der alltäglichen Erotik. Es geht darum, dass du dir nahe bist, dir nichts vormachst und das Leben mit Liebe und Leidenschaft annimmst, erlebst und den Spaß daran weitergibst.

Die Karte der RUHE verspricht eine gute Zeit, um dich zu verwöhnen.

Bei dieser Karte geht es darum, ...
... dass du dich nicht für etwas aufreibst.
... nun eine Pause einzulegen.
... jetzt aus dem Trott auszubrechen und innezuhalten.
... in sich selbst zu ruhen – im Wachzustand wie im Schlaf.

TIPP

Manchmal warnt die Karte davor, dass du vom Glück nur träumst und es dadurch vielleicht verpasst. Manchmal bedeutet sie auch, dass du dich überfordert fühlst. Aber meistens geht es darum, sich seine Schritte gut einzuteilen.

♥ LIEBE

Mach es dir nicht unnötig schwer. Jetzt musst du einfach mal abwarten.

♣ GLÜCK

Lass dich und andere in Ruhe. Du musst jetzt den Fuß vom Gas nehmen, wenn du besser vorankommen willst.

➚ ERFOLG

Du würdest am liebsten alles auf einmal tun, um andere für dich zu begeistern. Doch jetzt ist es besser, zu warten.

SCHÖNHEIT

Heute zeigt dir dein Engel, wo du Schönheit finden kannst. Schönheit ist etwas Besonderes, weil sie vergänglich ist.

Dein Engel sagt: Schau dich um: Siehst du etwas Vergängliches? Schau genau hin, du wirst sehen, dass es schön ist. In deinem Leben gibt es in diesem Moment so viel Schönheit. Genieße sie! Und hab keine Angst davor, dass sie vergeht.

Alles Leben dreht sich im Tanz der Wandlung. Tanze einfach mit!

Du lebst im Einklang mit dir. Du fühlst dich wohl in deiner Haut. Dein Glanz, deine Ruhe, deine Umgebung legen davon Zeugnis ab. Du hast eine sichere Gelassenheit, die daraus erwächst, dass du weißt, dass du immer alles haben wirst, was du brauchst. Denn alles, was du brauchst, ist bereits in dir.

Konsequent verzichtest du auf unnötige Ideale, ungewollte Verpflichtungen und unverbindliche Experimente. Du verwöhnst dich gern. Du verstehst die Sprache der Tiere und Pflanzen, die Sprache der Körper, die Gesten. Um dich herum kann alles bestens wachsen und gedeihen. Du bist Bewegung und Ruhe. Durch deine Wärme und deinen inneren Reichtum strahlst du Geborgenheit und Erotik aus, bei dir fühlt man sich wohl.

Die Karte der SCHÖNHEIT bietet gute Chancen, dich zu freuen.

Bei dieser Karte geht es darum, ...

... dass du vielleicht mit deinem Äußeren beschäftigt bist und darüber vergisst, Herz, Sinn und Verstand sprechen zu lassen.

... dass du vielleicht umgekehrt mit deinen inneren Werten, mit diversen Rätseln und Aufgaben beschäftigt bist und darüber vergisst, wie schön du bist.

... dass Schönheit erst dann Glück und Fülle bedeutet, wenn sie dir hilft, Wünsche zu erfüllen und Ängste abzubauen.

... dass du erneut siehst, wie schön du selber bist und wie schön deine Freunde und andere Mitmenschen sind – jeder auf seine eigene Weise!

TIPP

Wahre Schönheit kommt von innen. Du lebst hier und jetzt, aus deiner Mitte. Vieles gelingt dir dann einfach.

♥ LIEBE

»Der Zweck der Liebe ist allein die Schönheit«, besagt ein Sprichwort der Sufis (Derwische). Als Liebender siehst du dich, deinen Partner oder deine Partnerin und schließlich immer mehr Seiten der Welt in ihrer Schönheit!

♣ GLÜCK

ist kein Trick und erst recht kein fauler Zauber. Wenn du weißt, was du willst, scheint es dir so, als ob dir manches nur so zufliegen würde.

➚ ERFOLG

Wer liebt, kümmert sich um den Menschen oder die Sache, die er liebt. Und wer sich wirklich um etwas kümmert, entdeckt daran vieles, was er zuvor nicht gesehen hat – Gutes und Schlechtes –, aber schließlich das Einzigartige und Wunderbare, das jeder Mensch in sich trägt.

VERGEBUNG

Heute zeigt dir dein Engel, dass Vergebung Wunder wirkt. Du hast einen Fehler gemacht? Jemand hat dich verletzt oder ungerecht behandelt? Wut und Ärger ändern das nicht mehr.

Tut es dir gut, dich immer wieder zu ärgern? Wie lange willst du noch leiden? Wenn du dich bewusst dazu entscheidest, zu vergeben, hört der Groll von allein auf.

Je öfter du vergibst, desto mehr wird Vergeben für dich eine königliche Freude.

Wenn du lernst, dir selbst und anderen immer wieder zu verzeihen, dann lösen sich alte Spannungen, und neue Möglichkeiten eröffnen sich. Streck die Hand aus für einen Abschied oder einen Neuanfang, für eine Bereinigung oder Klärung. Wenn du einen Strich unter Vergangenes ziehen kannst, fühlst du dich wie neugeboren. Du kannst immer wieder ein neues Leben beginnen.

Jeder Tag ist Abschied und Neuanfang. Wenn du jeden Tag als Geschenk ansehen kannst, schöpfst du täglich neues Vertrauen und neue

Lust für dein Leben. Ängste werden dich immer begleiten, aber du kannst lernen, mit ihnen umzugehen.

Manchmal ist es am besten, bestimmte Gedanken einfach vorüberziehen zu lassen. Aber dann wiederum ist es mitunter wichtig, all seine Gedanken sammeln und sich darauf konzentrieren zu können.

So oder so – eine anspruchsvolle Aufgabe.

Die Karte der VERGEBUNG bietet gute Chancen, ganz neue Erfahrungen zu machen.

Bei dieser Karte geht es darum, ...

... Verantwortung zu übernehmen.
... dass auch große Aufgaben immer mit einer gewissen Leichtigkeit angegangen werden sollten.
... dass du über deinen Schatten springst.
... dass du eine kluge Entscheidung triffst.

TIPP

Letztendlich sind wir alle gleich. Jeder ist am Ende auf sich gestellt. Jeder hat seine eigenen Schwächen und ist liebesbedürftig. Jeder ist nur ein kleiner Teil im großen Konzert des Universums, und jeder braucht die Gemeinschaft.

♥ LIEBE

Verkrampfe nicht. Ein Liebesbeweis wirkt jetzt Wunder: Ein Liebesbeweis für deinen Liebsten und/oder für dich selbst!

♣ GLÜCK

Der Kopf muss dem Herzen helfen, die Dinge nicht zu schwer zu nehmen.

➚ ERFOLG

Häufig bedeutet diese Karte auch, dass es gut ist, ehe du eine wichtige Entscheidung triffst, einmal darüber zu schlafen.

ZÄRTLICHKEIT

Mit seinen Federn streicht heute der Engel der Zärtlichkeit über deine Wange. Auf dem Weg zu den großen Zielen keine Zeit mehr für die kleinen schönen Momente?

Das Hetzen zum großen Ziel ist nichts wert, wenn keine Zeit für Zärtlichkeit bleibt. Nimm dir heute Zeit für zärtliche Augenblicke. Gehe auch zärtlich mit dir selbst um. Die Engel wundern sich oft, was Menschen sich selbst abverlangen.

Sei gut zu dir. Du bist es wert!

Die Freude, die wir in uns selbst tragen und mit einem anderen Menschen teilen, ist einer der schönsten Gründe für unsere »lange Reise durch ein kurzes Leben«. Lass diese Freude sich immer weiter entfalten, schaff ihr neue Räume.

Du hast eine Antenne für das Unbewusste, für das Ewigmenschliche und die Regungen der Seele. Wenn du mit dir im Klaren bist, beziehst du daraus eine große Kraft. Deine lebendige Fantasie hilft dir, ein tiefes, schönes und erfülltes Leben zu führen, mit beglückenden Überraschungen, viel Freude und immer wieder neu erlebter Glückseligkeit.

Wie du innerlich an Tiefe gewinnst, wächst du nach außen über dich hinaus. Du hast ein tiefes Verständnis für Beziehungen, eine spirituelle Begabung und eine große Lebensklugheit. Manche vereiste Seele taust du wieder auf. Du kannst dich ganz verschenken, aus vollem Herzen lieben und Gefühle teilen. Dies alles verdankst du deiner Offenheit, also deiner Fähigkeit, alles, was geschieht, als etwas Sinnvolles zu erleben.

Die Karte der ZÄRTLICHKEIT stellt einen guten Anlass dar, einem netten Menschen (zum Beispiel dir selbst) etwas Gutes zu tun.

Bei dieser Karte geht es darum, ...
... zu ungewöhnlichen Gefühlen zu stehen.
... still zu sein und gut zuzuhören.
... zu ungewöhnlichen Taten zu stehen.
... deine Sympathien deutlicher zu zeigen.

TIPP

Kümmere dich um zarte Gedanken und Gefühle – um die noch vagen Ideen, die gerade erst keimen wie ein zartes Pflänzchen!

♥ LIEBE

Worauf wartest du noch? Greif zu, das Glück ist nah!

♣ GLÜCK

Achte auf vage Gefühle, auch auf extravagante Wünsche und scheinbar unrealistische Ziele. Mach etwas damit ...

ERFOLG

Zärtlichkeit unter Freunden meint auch ganz praktische Solidarität. Sei bereit, andere zu unterstützen. Das wird deinen Erfolg nicht schmälern – im Gegenteil!

DANKBARKEIT

Heute erinnert dich dein Engel daran, wie wichtig Dankbarkeit ist. Es gibt nichts, für das du wirklich dankbar zu sein brauchst? Du hast dir alles selbst erarbeitet? Sicher?

Viele Menschen glauben, nur so könnten sie unabhängig sein. Die Engel sehen aber, dass alles in dieser Welt miteinander verbunden ist.

Daher ist es gut, dankbar zu sein. Probier es aus. Das Gefühl wird dir gefallen.

Du hast große Gefühle, was auch bedeutet, dass du Freude und Leid intensiv empfindest. Du erlebst immer wieder Höhen und Tiefen. Manchmal weißt du nicht mehr, was Traum und was Wirklichkeit ist, wo die Illusion anfängt und wo sie aufhört.

Zugleich sind es aber gerade diese emotionalen Grenzerfahrungen, die dich aufs Engste mit der Welt und allem Menschlichen verbinden.

Die Erfahrung der Dankbarkeit liegt manchmal in weiter Ferne. Und manchmal ist sie so nah und überwältigend, dass man erst einmal davor zurückschreckt. Doch die Engel sagen dir: Nur wer weiß, was er nicht weiß, ist wirklich wissend. Und wer in diesem Sinne seine Grenzen kennt, wird automatisch dankbar sein.

Betrachte dein Dasein als ein Geschenk des Lebens, mit dem du dir und anderen viel Freude bereiten kannst.

Die Karte der DANKBARKEIT bietet gute Chancen, sich von emotionalem Ballast zu befreien.

Bei dieser Karte geht es darum, ...
... eine glückliche Beziehung bewusst zu genießen.
... dass es wichtig sein kann, dir selbst zu danken.
... dass es wichtig sein kann, deinen Freunden zu danken.
... dass es wichtig sein kann, deinen Verwandten zu danken.

TIPP

Das Wesentliche im Leben bekommen wir geschenkt. Denk darüber nach. Sag »Danke« – auch zu dir selbst!

♥ LIEBE

Du darfst deine Träume ausleben. Natürlich nicht nur heute, aber jetzt ist es besonders günstig. Bereite eine Feier oder eine besondere Unternehmung vor.

♣ GLÜCK

Jetzt steht eine freudige Überraschung ins Haus. Dadurch wird dir ein neuer Blick auf eine alte Geschichte eröffnet.

➚ ERFOLG

Dir stehen viele Möglichkeiten offen. Die Gelegenheit ist da, mal etwas ganz anderes zu tun. Wer dankbar ist, ist innerlich offen und kann sich etwas wünschen. Durch deine Dankbarkeit rufst du die Fee aus dem Märchen herbei, die dir sagt: »Du hast drei Wünsche frei ...«

Engel leben nahe an der Sonne, beschwingt und ungebunden. Und du? Was nützen dir in dieser Hinsicht Versicherungen und Garantien? Morgen sieht alles anders aus. Nicht Leichtsinn ist es, was du von den Engeln lernen kannst, sondern das Leben im Moment, das Auskosten des Augenblicks. Vertraue deinen Eingebungen, handle spontan und instinktiv.

Wer ungebunden ist, ist frei. Frei von vorsorglicher Angst und von nachträglicher Rechtfertigung.

Freiheit ist ein Menschenrecht! Du bist frei für Experimente und frei, daraus zu lernen. Du bist frei, Antworten nicht zu kennen oder deinen Standpunkt zu wechseln. Wenn du das übertreibst, kann diese Haltung als unverbindlich und beliebig wahrgenommen werden. Es kann aber auch die Bereitschaft unterstreichen, so zu sein wie du bist und allein dir verantwortlich zu sein, deiner Einzigartigkeit und der Welt zu vertrauen.

Die Karte der FREIHEIT bietet gute Chancen, bewusst und neu zu wählen.

Bei dieser Karte geht es darum, ...

... dass es in einer Beziehung wichtig ist, dem Partner Freiheiten zu gewähren, ihm zu vertrauen und ihn zu achten.
... dass du eigenständig bist und Anerkennung verdienst.
... dass du von deiner Freiheit Gebrauch machst.
... dich um deine Freunde zu kümmern.

TIPP

Freiheit heißt nicht Unverbindlichkeit. Freiheit bedeutet zu wählen, bewusst »Ja« oder »Nein« zu sagen.

♥ LIEBE

Sei mutig. Bisher hast du zu wenig getan. Sing dein Lied aus voller Kehle – das kann eine aufregende Erfahrung sein.

♣ GLÜCK

Lass dich zu nichts nötigen oder überreden, sondern handle wohlüberlegt und vor allem so, wie du es für richtig hältst.

➚ ERFOLG

Hab den Mut, auszubrechen, wenn dich etwas oder jemand vereinnahmen will.

GLÜCK

Dein Engel hält heute an jeder Ecke Glück für dich bereit. Die Engel sehen, wie die Menschen auf der Erde dem Glück nachjagen, und wundern sich.

Wenn nur die Menschen wüssten, dass das Glück immer da ist. An jedem Ort ...
Die Engel warten darauf, dass ein Mensch nur für einen Augenblick mit dem Suchen aufhört, um ihn dann mit Glück zu überschütten.

Du darfst glücklich sein. Einfach so.

Du schaust dir an, was das Leben dir wohl zugedacht hat. Das von dir Gewollte hält so viele Möglichkeiten bereit wie das Ungewollte, das Unvorhergesehene so viele wie das Erwartete. Was dir geblieben ist oder was du gewonnen hast, ist die offene Hingabe an die Welt. »Glück ist Talent für das Schicksal« *(Novalis)*.

Du hast eine unbändige Kraft, und hinzu kommt eine spielerische Freude am Dasein. Du lebst im Moment, lustvoll und unbeschwert wie Hans im Glück. Du selber stellst einen Glücksfall dar für deine Umgebung. Du hast ein großes Herz und bist ein großer Optimist aus Erfahrung. Du gibst dich bewusst an das Leben hin, im Wissen um deinen Platz und deinen Weg. »Der Weg nach Hause ist der Weg vorwärts, der tiefer ins Leben hineinführt.« *(Colin Wilson)*

Die Karte des GLÜCKS verspricht gute Chancen, um ein Bündnis mit dem Schicksal zu schließen. Entscheidend ist, was du daraus machst!

Bei dieser Karte geht es darum, ...

... dass du dir darüber klar wirst, wo du besser zupackst und wo du besser abwartest.

... dass es eine Frage des Geschicks ist, ob und wie du deine Aufgaben bewältigst.

... dass du verstehst, dass die Entscheidung bei dir liegt.

... dass du nicht alles auf einmal angehen kannst.

TIPP

Du hast bestimmte Wünsche und Talente, die zu wichtig sind, als dass sie einfach verkümmern dürften. Und wie jeder besitzt du gewisse Ängste und Handicaps, die jedoch überwunden oder gelindert werden können.

♥ LIEBE

Diese wesentlichen Wünsche und Ängste zu erfüllen bzw. zu überwinden, ist entscheidend für das Glück – für das eigene und das der Beziehung.

♣ GLÜCK

Denn Glück bedeutet, dass uns etwas glückt.

ERFOLG

Erfüllte Wünsche und überwundene Ängste führen uns immer wieder zur richtigen Zeit an den richtigen Ort.

PARTNERSCHAFT

Heute bittet dich dein Engel, über Partnerschaft nachzudenken. Wer träumt nicht von der idealen Liebe? Aber das immer glückliche Paar, das nie einen schlechten Tag hat, gibt es nicht mal bei den Engeln.

Wenn du folgende vier Fragen sofort mit Ja beantworten kannst, lebst du in einer guten Partnerschaft: Ist es die wahre Liebe? Deine erste Wahl? Hast du Vertrauen? Achtung und Respekt? Wenn es so ist: Glückwunsch.

Wenn nicht, überlege jetzt, was du ändern kannst.

Viele sagen, Gefühle seien das Wichtigste in einer Beziehung. Doch das ist nur die halbe Wahrheit: Jede Beziehung braucht, wenn sie Bestand haben soll, einen schöpferischen Impuls. Selbst eine Beziehung unter Mitschülern, Kollegen oder Geschäftspartnern muss, wenn sie wichtig und lebendig sein soll, in diesem Sinn produktiv sein und immer wieder etwas Neues entstehen lassen. »Liebe ist eine Produktion.« (Bertolt Brecht)

Wenn wir uns in einer Liebesbeziehung auf gemeinsame Erlebnisse und Ergebnisse konzentrieren – ganz nach dem Motto »Wir können noch viel zusammen unternehmen« –, dann verflüchtigt sich manch romantische Verklärung. Der oftmals große Druck – in Form überhöhter Erwartungen und Ansprüche an sich oder an den Partner im Namen der Liebe – wird dadurch aufgelöst. Wie viel Zeit wird dadurch gewonnen! Lebenszeit, die häufig durch krampfhafte Partnersuche, durch schmerzhafte Trennungen, durch die üblichen Beschuldigungen und Entschuldigungen verschenkt wird.

Die Karte der PARTNERSCHAFT bietet gute Chancen, sich für gemeinsame Ziele zu engagieren und zusammen etwas aufzubauen!

Bei dieser Karte geht es darum, ...
... dass du dich nach einer glücklichen Beziehung sehnst.
... dass eine Beziehung umso leidenschaftlicher und stabiler ist, wenn man sich gegenseitig vertraut und unterstützt.
... dass es in einer Beziehung wichtig ist, offen über Gefühle zu reden, aber auch über Lebensziele und aktuelle Aufgaben.
... die Schönheit einer glücklichen Beziehung bewusst zu genießen.

TIPP

Es ist ein sehr großes Glück, jemandem vertrauen zu können.

♥ LIEBE

Die Gefühle sind das Wichtigste für eine Beziehung – *alle* Gefühle. Viele Emotionen rühren von starken Wünschen und dringenden Notwendigkeiten außerhalb der Partnerschaft her. Wenn diese auch in der Beziehung ihren Platz haben können, entsteht eine besonders glückliche Balance von Liebe und Leben.

♣ GLÜCK

Harmonie mit dir selbst und mit deiner Umgebung ist ein sehr erstrebenswertes Ziel.

➚ ERFOLG

Genieße es, wenn du mit jemandem glücklich bist, und sorge dafür, dass das lange anhält. »Für immer und ewig« ist nicht nur in Märchen möglich.

INTUITION

Mit deiner Intuition kannst du deinen Engel heute gut spüren. Engel können wir selten sehen, aber sie sind überall.

Wir können sie spüren, wenn wir alles, was wir tun, ganz langsam und aufmerksam tun. Probier es heute einfach aus. Mache für eine Viertelstunde alltägliche Bewegungen im Schneckentempo und beobachte, was dir dabei passiert.

Du wirst überrascht sein.

Du weißt das Leben zu genießen und die Gunst der Stunde zu nutzen. Die Karte kann bedeuten, dass du dir Rat für deine momentanen Fragen einholen sollst. Grundsätzlich kannst du dir jedoch selber helfen.

Es ist wichtig, dass du dich mit der inneren Bedeutung deines praktischen Handelns auseinandersetzt. Solange sie im Unbewussten verborgen bleibt, bist du wie ein Wanderer ohne Weg und Ziel. Wirf einen Blick hinter den bunten Vorhang der Erscheinungen. Such dir deine Mittel und Wege, um deine innere Stimme kennen- und immer besser verstehen zu lernen: Meditation, Träume, Tarot, Therapie, Tagebuch, Musik, Tanz, Alleinsein oder anderes. Die innere Stimme bietet eine verlässliche Orientierung und wirkt wie ein persönliches Kursbuch.

Vielleicht ist eine Zeit der inneren Einkehr vonnöten. Setz dich mit den Gegensätzen des Lebens auseinander. Lerne, auch dir fremde menschliche Eigenschaften zu verstehen.

Die Karte der INTUITION bietet gute Chancen, um hinter die Kulissen zu schauen.

Bei dieser Karte geht es darum, ...
... dass du eigene Mittel und Wege findest, um deine innere Stimme besser wahrzunehmen.
... das, was deine innere Stimme dir sagt, besser zu begreifen.
... zu lernen – nicht nur für die Schule, sondern für dein Leben!
... dass du an deinem Glück arbeitest.

TIPP

Es gibt bis auf Weiteres vielleicht gar nichts zu bedenken.

♥ LIEBE

Vertraue deiner Intuition. Geh geschickt und umsichtig vor, um ans Ziel zu gelangen.

♣ GLÜCK

Öffne dich für unerwartete Gelegenheiten und neue Situationen. Greif zu!

ERFOLG

Raus aus der Routine!

KREATIVITÄT

Dein Engel unterstützt heute deine Kreativität in allem, was du tust. In jedem Menschen steckt ein Künstler.

Die meisten trauen sich nicht, es zu versuchen, aus Angst, sich zu blamieren. Heute ist der ideale Tag, dir Zeit zum Spielen und für kreative Ideen zu nehmen. Wähle aus dem Gefühl heraus, womit du kreativ sein willst.

Das Ergebnis ist nicht so wichtig. Freue dich an dem, was du tust.

Eine Situation wie kurz vor der Premiere: Da stehst du mit deinen Fähigkeiten und Talenten, dein großer Auftritt steht bevor. Vor deinem geistigen Auge siehst du die Höhepunkte deiner Arbeit, deines Lebens. Und du konzentrierst dich darauf, aufzutreten, voll da zu sein, alles zu riskieren und alles zu geben. Es ist dein Spiel – du genießt es.

Ein anderes Mal stehst du in der gleichen Situation mit skeptischen Fragen: Bin ich da, wo ich hingewollt habe? Wird es mir gelingen, zu überzeugen? Ist das noch mein Spiel? Ist das, was ich mache, wirklich echt?

Du musst dich aufs Neue entscheiden: Akzeptiere, was du geschaffen hast, und raus damit ins Rampenlicht, sei bereit, über deine bisherigen Erfahrungen hinauszugehen. Trau dich! Das Schlimmste, was passieren kann, ist, dass du dich lächerlich machst. Na, wenn schon! Aber verdrück dich nicht, und mach dich nicht vor dir selbst lächerlich.

Die Karte der KREATIVITÄT bietet gute Chancen, neue Ideen zu präsentieren, die von dem bisher Bekannten abweichen.

Bei dieser Karte geht es darum, ...

... dass du dich dafür stark machst, dass etwas verbessert wird, das dir am Herzen liegt.

... dich von Dingen zu lösen, die längst als falsch erkannt worden sind.

... auf herkömmliche, traditionelle Denkmuster zu verzichten, wenn sie dir nicht mehr angemessen erscheinen. Nur weil etwas bisher immer auf eine bestimmte Art gemacht wurde, muss es nicht richtig sein.

... dass dir deine Intuition bei innovativen Plänen und kreativen Aufgaben sehr hilfreich sein kann.

TIPP

Es lohnt sich, dass du dich für positive Veränderungen einsetzt. Wenn du zu sehr auf deiner Meinung beharrst, kann das in geistige Trägheit und Sturheit ausarten. Lebe lieber ungewöhnlich!

♥ LIEBE

Du kannst dich froh, zufrieden und befreit fühlen, wenn du alte Regeln brichst und dabei neue Regeln schaffst.

♣ GLÜCK

Bleib offen für andere Sichtweisen, weil du sonst geistig verarmst. Deine kreativen Seiten gehören zu dir, versuche nicht sie zu verdrängen.

➶ ERFOLG

Auch für ungewöhnliche Ideen kannst du Unterstützung und Inspiration bei anderen Menschen finden. Jetzt ist es an der Zeit, sich auszuleben.

LIEBE

Heute überschüttet dich dein Engel mit Liebe zu allen Wesen. Die Engel spüren es bis in die Flügelspitzen:
Alle Wesen sind Teil einer großen Einheit.

Viele Menschen haben das vergessen. Du kannst es wieder erfahren. Stelle dir heute jeden Menschen, dem du begegnest, als kleines, süßes, hilfloses Baby vor, das du einfach lieb haben musst.

In jedem Menschen steckt ein Kind, das einfach Liebe will. Und das verbindet uns.

Dies ist eine gute Karte für glückliche Liebesbeziehungen, erotische Freundschaften und erfüllende Begegnungen. Du kannst mit anderen gut zusammenleben, zum gegenseitigen Nutzen, ohne den Partner zu erdrücken oder von ihm erdrückt zu werden – wenn du dich selbst grundsätzlich als in Ordnung und vollständig ansiehst.

Nicht erst durch die Partnerin oder den Partner bist du stark und erreichst die Gipfel, wo du mit den Engeln reden kannst.

Wenn du die Erfüllung deiner Wünsche und Leidenschaften von anderen erwartest, machst du dich abhängig und hinderst dich zugleich daran, dich auf tiefere, gleichberechtigte Beziehungen und Begegnungen einzulassen. Diese brauchst du aber als Spiegel, um dich rundherum erkennen und annehmen zu können.

Die Karte der LIEBE fordert zum Nachdenken auf: Wie muss man leben, um immer zu lieben?

Bei dieser Karte geht es darum, ...
... dass du tust, worauf du Lust hast.
... dass du dabei nicht dem Falschen hinterherläufst.
... dass du auf den Punkt bringst, was du wirklich willst.
... dass du dich auch traust, das Entsprechende zu tun.

TIPP

Aus Sicht der Engel lebt nur, wer liebt: Wer nicht liebt, ist entweder schon tot oder noch nicht geboren.

♥ LIEBE

Sei optimistisch und bleib kritisch. Trau dich, steh zu deinen Wünschen!

♣ GLÜCK

Manch schöner Traum kann sich jetzt erfüllen. Und manche Seifenblase wird jetzt zerplatzen. So oder so hast du gewonnen: Es ist gut, wenn man Illusionen aufgeben kann, und es ist natürlich großartig, wenn schöne Träume Wirklichkeit werden. Du musst nur genau hinschauen!

➚ ERFOLG

Prüfe die Absichten aller Beteiligten. Etwas, das du dir schon lange wünschst, von dem du träumst, wird nun Wirklichkeit.

MEDITATION

Dein Engel schenkt dir heute Raum und Zeit für Meditation. Meditation ist achtsames Nichtstun: geschehen lassen, was geschieht; beobachten, was in Kopf und Körper los ist, ohne einzugreifen.

Meditieren fördert deine Engel-Eigenschaften: Du regst dich weniger auf, bist einfach fröhlich und hast einen klaren Kopf. Du bist mit dir und dem Leben tiefer verbunden, wenn du regelmäßig meditierst.

Probier es heute aus!

Du bist ein heiterer und zugleich ernsthafter Mensch, hilfreich und aufbauend, dabei selbstständig und eigenverantwortlich.

Das Wirken der Gefühle und des Unbewussten betrachtest du nachdenklich-spielerisch und neugierig-distanziert. Wenn das nicht zu einem Zustand der Unentschlossenheit führt, hast du eine große Begabung, dich in innere Probleme zu versenken, ohne darin unterzugehen. Mit großem Einfühlungsvermögen, viel Verständnis und ausgiebiger Meditation entdeckst du Neues und gewinnst Einsichten in komplexe Zusammenhänge, tiefe Ursachen und wahre Motive.

Das ist für dich selbst eine Quelle großer Lebensfreude. Und für andere kannst du eine wichtige Hilfe in psychischen und spirituellen Fragen sein. Mit deiner besinnlichen und lebensfrohen Art kannst du dir und anderen Mut machen, Freude und Ruhe schenken.

Die Karte der MEDITATION bietet gute Chancen, bemerkenswerte Einsichten zu gewinnen, die neue Aussichten eröffnen!

Bei dieser Karte geht es darum, ...
... dass du dein emotionales Konto ausgleichst.
... dass du deine Schulden begleichst und Außenstände eintreibst,
... und zwar finanziell,
... aber vor allem emotional und spirituell.

TIPP

Bewahre dir deine spielerische Art, deine innere Unbeschwertheit. Doch spiele nicht mit den Gefühlen, ganz gleich, ob es nun die eigenen oder fremde sind.

♥ LIEBE

Vermeide es, immer wieder alte Geschichten aufzuwärmen und unablässig auf Fehler, Schwächen und Ängste hinzuweisen.

♣ GLÜCK

Handle entsprechend deiner meditativ gewonnenen Einsichten und Absichten.

➚ ERFOLG

Scheue dich nicht, dich für deine Gefühle zu engagieren und erforderliche Konsequenzen zu ziehen.

MUT

Heute stärkt dein Engel deinen Mut in allen Lebenslagen. Engel sind nicht immer sanft und süß. Engel kämpfen mit Zuversicht für die gute Sache.

Engelkrieger kämpfen mit ausgeglichenem Geist. Mut verträgt sich nicht mit Wut. Mut braucht einen klaren Kopf und ein reines Herz.

Dein Engel sieht:
Du hast das Zeug zu Heldentaten.

Leb mit dem Löwen in dir! Du brauchst dieses aufregende Kribbeln und Im-Mittelpunkt-Stehen. Wenn du dich mit deinem Löwen gut verstehst, traust du dir im Leben viel zu. Du gehst energisch an Probleme heran und beschaffst dir, was du brauchst. Den Löwen in dir zu bändigen und zu fordern, heißt, zu zeigen, was du kannst. Wenn du dich dem Spiel der Kräfte hingeben und sagen kannst: »Ja, das ist mein Spiel«, besitzt du die kraftvolle Freude dessen, der sein Metier liebt und die Herausforderungen darin genießt.

Betrachte Konflikte als Bewährungsmöglichkeiten, mit denen

du spielerisch-kämpferisch umgehst. Sie bedeuten immer auch Reibungen und Berührungen, in denen alles Mögliche steckt – Nähe, Wärme, Puls, Lebensfreude, Feuerwerke… Und gerade das ist die Nahrung, die dein Löwe braucht. »Manchmal/ stolpert mein Herz/ Schweiß tritt mir/ auf die Stirn./ Dann/ behaupte ich/ mein Kreislauf/ macht nicht mehr mit./ Wenn ich jedoch/ meinen/ Kreislauf/ unterbreche/ hüpft mein Herz/ als sei es/ gesund.« (Harald Utecht)

Die Karte des MUTS bietet riesige Chancen, neue Lebenslust zu entdecken.

Bei dieser Karte geht es darum, …
… dass du dich vor sinnlosen Idealen und vor Gewalt in Acht nimmst.
… dass du Farbe bekennst.
… dass du deinen eigenen Rücken stärkst.
… dass du kein Angst vor Feuerproben haben musst!

TIPP

Es ist besser, sich darauf zu konzentrieren, wie sich Stärken optimal einsetzen lassen, als darauf, Schwächen schonungslos zu kritisieren!

♥ LIEBE

Auch Krisen gehören zu einer großen Liebe. Jede überstandene Krise festigt die Liebe.

♣ GLÜCK

Setz auf die Bedürfnisse von Kopf und Bauch bei allen Beteiligten.

↗ ERFOLG

Etwas zu erreichen, bedeutet auch, es als Eigenes zu begreifen. Setz dich mit Argumenten und Gegenargumenten auseinander und ziehe am Ende für dich die richtigen Schlüsse daraus.

VERTRAUEN

Heute bittet dich dein Engel, mit Vertrauen in den Tag zu gehen. Dein Engel ist immer bei dir und hält eine schützende Hand über deine Schulter.

Das Leben trägt dich. Du kannst nicht von dieser Welt fallen. Findest du diesen Gedanken gut? Es ist noch besser, das Getragensein selbst zu erfahren. Dazu brauchst du Vertrauen und musst Sicherheiten aufgeben.

Fang klein an und spüre, dass es überall Menschen und Engel gibt, die gut zu dir sind.

Bist du mit deinen Leistungen und Ergebnissen zufrieden? Es zeigt sich nämlich an diesen, dass gefühlsmäßige oder gedankliche Klarheit letztlich nur so viel wert ist, wie sich in handfesten Resultaten niederschlägt, und ebenso, dass deine Ergebnisse und Produkte nur dann zum Glück und zur Zufriedenheit beitragen, wenn sie Ausdruck deiner selbst sind.

Denk gründlich nach und versuch auf den Punkt zu bringen, was für dich wesentlich ist. Du kannst nur auch dich befriedigende Leistungen erbringen, wenn du dich mit geltenden Normen auseinandergesetzt und eigene Maßstäbe und Grundsätze gefunden hast.

Hab Vertrauen in deine Sicht der Dinge. Du kennst dich am besten und weißt, was du brauchst. Das Risiko, das ein jeder Entschluss darstellt, kannst du nicht durch zögern verringern. Es gibt keine allgemeingültigen Richtlinien. Wenn du von dem ausgehst, was du jetzt weißt und willst, kannst du nichts falsch machen. Wie immer die nächsten Ergebnisse aussehen mögen, du wirst aus ihnen lernen und sie werden dich weiterbringen. Leg los!

Die Karte des VERTRAUENS bietet gute Chancen, aus Erfahrungen zu lernen.

Bei dieser Karte geht es darum, ...

... dass du Vorurteile erkennst und außer Acht lässt.
... dass du die Lage genau analysierst.
... dass du viele Standpunkte berücksichtigst.
... dass du deiner Sicht der Dinge traust.

TIPP

Egal, ob du einen Berg Arbeit vor oder hinter dir hast, hier geht es um eine Bilanz deiner bisherigen Leistungen und um die Festlegung neuer Ziele.

LIEBE

Wenn du von dem ausgehst, was du jetzt weißt und willst, kannst du nichts falsch machen – das gilt auch in der Liebe.

GLÜCK

Manchmal geben Stolpersteine den entscheidenden Anstoß.

ERFOLG

Jede gelöste Aufgabe zeigt dir, dass du auf dem richtigen Weg bist, und selbst ein Fehlschlag ist noch wertvoll, wenn er dir klarmacht, worin deine Aufgabe *nicht* besteht.

WUNDER

Heute zeigt dir dein Engel die Wunder dieser Welt. Jeden Tag passieren für jeden Menschen tausende Wunder. Die Engel sind manchmal erstaunt, was die Menschen alles tun, um sie nicht zu sehen.

Willst du heute ein paar Wunder erleben, dann bestaune alle Dinge und Lebewesen, die du siehst. Staune wie ein Kind mit offenem Mund und großen Augen. Um dich herum ist die bunte Welt, und du bist mittendrin.

Genieße das Wunder!

Deine Wünsche werden in einem bunten, facettenreichen Leben in Erfüllung gehen.

Dank deiner Bereitschaft, mit Beziehungen und Situationen kreativ umzugehen, werden deine Sehnsüchte erfüllt. Du erlebst Freuden, die du als Geschenke empfindest, die aber im Grunde deine Verdienste sind, Früchte deiner Bereitschaft, offen zu sein. »Sieh eine Welt in einem Körnchen Sand/ und einen Himmel in der wilden Blume,/ greif das Unendliche mit deiner Hand/ und fühle Ewigkeit in einer Stunde.« *(William Blake)*

Mit deinem offenen Herzen kannst du große Energien aufnehmen und auch verbreiten. Du bist wie ein Kraftfeld, in dem du und andere sich wohlfühlen, tiefe Gefühle austauschen und befriedigen.

Du brauchst die Gemeinschaft mit anderen, den Austausch mit gegensätzlichen Polen. Wenn du von ihnen etwas empfangen kannst, gehen auch in dir verschiedene Seiten eine Verbindung ein, die die übliche Unterscheidung von männlich und weiblich oder jung und alt aufhebt.

Die Karte der WUNDER bietet gute Chancen, dahin zu gehen, wo dein Herz schlägt!

Bei dieser Karte geht es darum, ...
... dass du deine Seelenschätze für andere öffnest.
... dass dich die Schätze der anderen überraschen können.
... dass du große Gefühle auslebst.
... dass du dich wundern kannst.

TIPP

Löse innere Abhängigkeiten, und erlebe dich als Pionier/in: Du bist der Erste/die Erste in deinem Reich. Kein Vorbild sonst leuchtet deine Seele hinreichend aus.

♥ LIEBE

Lebe deine Leidenschaft mit ruhiger Kraft. Nimm deine Mitmenschen an die Hand und führe sie durch dein (Seelen-)Reich!

♣ GLÜCK

Warum nur einmal oder wenige Male im Leben Hochzeit feiern? Jeder Tag kann eine Hoch-Zeit sein – mach dich bereit!

➚ ERFOLG

Sei nicht hoch- oder kleinmütig. Jeder Mensch ist in seinem Seelenreich der oder die Erste. Hier liegt die Quelle deiner Erfolge!

FRIEDEN

Dein Engel möchte heute mit dir seinen Frieden teilen. Keine Zeit für das Geschenk deines Engels? Zu viel um die Ohren? Später vielleicht, wenn alles geschafft ist?

Wenn du dir vor lauter Terminen und Verpflichtungen keine Zeit mehr für inneren Frieden nimmst, läuft eindeutig etwas falsch. Es ist dein Leben.

Du hast es in der Hand!
Finde heraus, was dir wichtig ist.

Du verweilst bei deinen Wurzeln. Du horchst nach innen und gibst deinen Gefühlen Raum. Deine Erfahrungen sind dir gegenwärtig, und indem du dich dem Strom deiner Eindrücke hingibst, kommen dir neue Gedanken und neue Einfälle.

Lass deiner Seele Flügel wachsen. Fordere oder erwarte nichts Bestimmtes, öffne dich deinen Eingebungen. Lerne und genieße, bei dir zu verweilen und dem inneren Fluss zu lauschen.

Wenn du etwas gründlich auszuloten hast, wenn freudige Ereignisse dich besonders berührt oder wenn die großen und kleinen Katastrophen des Alltags dich getroffen haben, dann suche deine Wurzeln, finde erneut zum Wesentlichen, zu einem neuen Einklang, der auch die neue Erfahrung mit aufnimmt.

Die Karte der FRIEDENS bietet gute Chancen, sich zurückzuziehen und/oder sich auszusprechen.

Bei dieser Karte geht es darum, ...
... dass du Frieden mit dir und deinen Nächsten schließt.
... dass Frieden ehrliche Worte und eindeutige Taten erfordert.
... dass du eine Versuchung zurückweisen kannst.
... dass dir neue Lösungen und starke Ideen einfallen, wenn du zur Ruhe kommst.

TIPP

Du kannst dich wie ein Baum weit in den Himmel strecken, wenn du deine Wurzeln kennst.

♥ LIEBE

Ohne Zufriedenheit gibt es keinen Frieden – fehlt etwas zur Zufriedenheit?

♣ GLÜCK

Deine Selbsterkenntnis weckt deinen höheren Sinn und schenkt dir eine tiefe Ruhe und Ausgeglichenheit.

➚ ERFOLG

Wenn du mit dir im Einklang bist, kannst du viel erreichen. Dann bist du im Vollbesitz deiner Kräfte.

FREUDE

Heute strahlt dein Engel vor Freude. Dein Engel ist froh, dass es dich gibt. Dafür musst du nicht nett sein oder etwas Besonderes leisten. Dein Engel freut sich über dich, einfach weil es dich gibt.

Und wie ist es mit dir? Kannst du dich so lassen, wie du bist? Oder fühlst du dich oft nicht gut genug und bewertest alles, was du tust?

Wenn das so ist, schau dich heute mit Engelaugen an!

Du hast viel erlebt und viel erreicht. Und viel Schönes hast du noch zu erwarten. Folge deinem Stern. Mach dir einen Lebensentwurf und lebe danach!

Betrachte dich einmal aus der Perspektive eines Engels, der dich von einem leuchtenden Stern aus begleitet und beschützt: Du nimmst dann deinen Lebenslauf als Teil des größeren kosmischen Geschehens wahr.

Erfahrungen von dir und anderen fließen zusammen zu einem größeren Ganzen. Du weißt, dass du nichts festhalten kannst, dass Veränderungen unvermeidlich sind, dass diese aber auch neue Chancen eröffnen. Du siehst, wie dein Tun auf dem der Alten aufbaut und wie die Jungen es nach dir weiterführen werden. Es ist so: Zeit ist nur relativ. Du erkennst dich selbst zugleich in den Jungen und den Alten. Es gibt keine Grenze, wo auf einmal Schluss wäre. Nichts geht verloren. Nichts hält dich ab, zu leben und deinen Puls zu spüren, zu verweilen oder weiterzugehen. Diese Vision wird eine tiefe Freude in dir wachrufen und lebendig halten.

Die Karte der FREUDE bietet gute Chancen, über den Tellerrand zu schauen und das Herz zu öffnen.

Bei dieser Karte geht es darum, ...

... dass du dir eine Freude machst, und
... dass du dir eine Freude bist.
... dass du dich gegen Lieblosigkeiten und andere Zumutungen wehrst.
... dass du deine Chancen und Möglichkeiten nie vergisst.

TIPP

Es gibt 1001 Möglichkeiten, sich zu freuen. Die größte Freude ist es, bewusst zu leben.

♥ LIEBE

Erfahrene Paare sorgen dafür, dass sie immer etwas haben, worauf sie sich freuen können.

♣ GLÜCK

Glückliche Menschen achten darauf, dass die Quelle der Freude immer sprudelt, das heißt, dass man sich immer mehr als Teil des ganzen Universums erfährt.

↗ ERFOLG

Gibt es einen Erfolg, der am meisten Freude macht? Vielleicht ist dies: Der Einklang, das Zusammenspiel von Mensch und Schöpfung. Man kann es – nach dem gleichnamigen Film – auch das »Forrest Gump-Prinzip« nennen: Zur richtigen Zeit an der richtigen Stelle sein. *Mehr* kann man nicht erreichen und bewirken. Und weniger wäre ein Verzicht auf vorhandene Möglichkeiten.

HUMOR

Heute kitzelt dein Engel deinen Humor aus dir heraus. Engel bringen die Menschen gern mal in Situationen, in denen sie sich lächerlich machen.

Es ist viel zu anstrengend, immer eine gute Figur abzugeben. Heute schickt dein Engel dir die Gelegenheit, dich bewusst lächerlich zu machen. Probier es aus!

Spiel den Clown und sei ganz bewusst nicht perfekt dabei. Du wirst sehen, wie befreiend das ist.

Als Clown kannst du Experimente machen, du kannst Fehler machen, du bist frei zu experimentieren, Antworten nicht zu kennen – und dabei eine Menge Spass zu haben!

Ein Clown oder Narr ist ein bisschen wie der jüngere, dumme Bruder im Märchen, der alles verkehrt macht und zum Schluss gewinnt und König wird. Was heißt jedoch »alles verkehrt machen«? Der Narr weiß nicht, wie es mit ihm enden wird. Aber weißt du es?

Im landläufigen Sinne bist du unsicher, wenn du wie ein Clown oder Narr lebst. Aber was nutzen die üblichen Sicherheiten wirklich? Sind sie nicht nur Ausdruck der Angst vor Verlusten und vor neuen Situationen, die man doch nicht verhindern oder vermeiden kann?

Besser ist es, der eigenen Einzigartigkeit und der Welt bewusst zu vertrauen. Lass dich nicht verrückt machen. Es ist närrisch, sich über Ereignisse oder Konsequenzen Gedanken zu machen, die jetzt, im gegebenen Augenblick, einfach nicht angemessen beurteilt werden können.

Die Karte des HUMORS bietet gute Chancen, einmal alle Selbstbeobachtung und -kontrolle aufzugeben.

Bei dieser Karte geht es darum, ...
... dass du Spaß hast.
... dass du spielen kannst.
... dass du darauf verzichtest, alles perfekt zu machen.
... dass du über dich selbst lachen kannst.

TIPP

Schenke jemandem deine Liebe, und lass andere an dich herankommen.

♥ LIEBE

Spiel nicht den Clown, wo es um echte Gefühle oder Entscheidungen geht!

♣ GLÜCK

Die Erfüllung deiner Wünsche und Auflösung deiner Ängste bleiben zentral.

➚ ERFOLG

Sei nicht zu streng mit dir und der Welt.

LOSLASSEN

Heute bittet dich dein Engel, es mal mit Loslassen zu probieren. Die Menschen glauben, dass mit der nötigen Anstrengung alles erreichbar ist, und halten oft verkrampft an ihren Zielen fest.

Die Engel sehen es anders:
Wenn du loslässt, was du verkrampft anstrebst, kommt es von allein. Du überlässt es den unendlichen Kräften des Universums, dich zum Ziel zu bringen.

Die Engel sagen dir: Es ist wirklich so einfach.

Du schaust nach innen und trennst dich von üblichen, traditionellen Einschätzungen. Du verfügst über ein solides, ausgereiftes Wissen, das in dir schlummert. Du musst es nur zulassen. Du brauchst nichts Besonderes zu machen. Hör auf, bewusst zu handeln. Weisheit und Klarheit ruhen in dir.

Oder: Dir wird bewusst, dass du viele Fähigkeiten besitzt, dich selbst aber gefesselt hast. Du hältst dich in deinen Vorstellungen gefangen. Irgendetwas stimmt nicht mit dem Bild, das du dir von dir gemacht hast.

Warte nicht auf Hilfe von außen, sondern lass die alten Vorstellungen los und probiere etwas Neues!

Die Karte des Loslassens bietet gute Chancen, Herz und Hände neu zu öffnen.

Bei dieser Karte geht es darum, ...
... dass du einfach einmal abschaltest.
... dass du dir einen Tag freinimmst.
... dass du neuen Ideen Raum gibst.
... dass du großzügig zu dir und anderen bist.

TIPP

»Es gibt Gedanken, welche du nicht begreifen kannst, wenn du nicht dein Leben änderst.« (Werner Sprenger)

❤ LIEBE

Verzichte auf falschen Stolz und falsche Ansprüche. Sage zu dir und/ oder zu deinen Liebsten: »Jeder Mensch hat seine Problemzonen. Ich liebe dich mit all deinen Macken.«

♣ GLÜCK

Deine Gedanken drehen sich im Kreis. Du hast dich selbst eingesperrt und glaubst, dass du machtlos bist. Doch das ist nur Einbildung: Lass die Gitterstäbe los und geh hinaus.

ERFOLG

Was waren deine ursprünglichen Ziele? Gehe zu deinen Wurzeln, du findest dort eine neue Aufgabe.

REICHTUM

Dein Engel zeigt dir heute einen Weg zu Reichtum, Geld und Fülle.

Die Engel erleben es immer wieder: Der reichste Mensch der Welt fühlt sich arm, wenn er glaubt, nicht genug zu haben. Wer Angst hat, alles zu verlieren, hat nur noch Angst und schon alles verloren.

Wenn du dich von ganzem Herzen reich fühlst, lassen die Engel Reichtum vom Himmel regnen. Einfach so.

Der größte Reichtum besteht darin, den eigenen Anteil am Weltgeschehen zu verstehen und seine Rolle auszufüllen. Das Einmalige, Individuelle verwandelt sich dann vom vergänglichen Einzelfall zum bewussten Anteil an der Ewigkeit!

Bewusst leben, heißt auch, zu wissen, dass alles wichtig ist, nicht nur die Ergebnisse, sondern auch die Begleitumstände. Du bist dein eigener Chef in deinem Leben. Schritt für Schritt gehst du voraus. Deine Arbeit kann wachsen, und du wächst mit ihr. Das macht dein Wirken angenehm und zeitigt positive Resultate.

So entsteht eine Situation von persönlichem Überfluss: Kein Protz- und Verschwendungsluxus, sondern ein Überfluss an Wohlbehagen, verwirklichten Ideen und befriedigten Wünschen. »Vieles war nicht nötig/ und gerade das/ wäre das Nötigste gewesen.« (Edith Vahrenhorst)

Die Karte des REICHTUMS bietet gute Chancen, über Werte und Reichtum neu nachzudenken. Was zählt für dich letzten Endes?

Bei dieser Karte geht es darum, ...
... dass du dir deine Arbeit einteilst.
... dass du genießen kannst, auch in anstrengenden Zeiten.
... dass du deinen Reichtum nicht nur nach dem Kontostand bemisst, sondern auch nach den Ergebnissen, in denen sich das Besondere, das Wertvolle und die Schönheit deiner Person wiederfindet.
... dass du dir persönlichen Luxus gönnst.

TIPP

Du verstehst Arbeit nicht nur als notwendiges Übel, das Kraft kostet. Sie ist für dich auch Erfüllung und Genuss. Du brauchst eine solche Arbeit. Sie wird sich nicht immer mit deinem Broterwerb decken. Wenn sie jedoch dein Ausdruck, dein spezieller Beitrag ist, dann kannst du damit immer auch Geld verdienen oder eine ausgeübte Erwerbstätigkeit zu deiner eigenen Sache machen.

♥ LIEBE

»*Love is the one thing that money can't buy*« – Liebe ist das Einzige, das für Geld nicht zu kaufen ist. Wenn du liebst, bist du nicht käuflich – und unbezahlbar.

♣ GLÜCK

Begreife, was dich mit allen verbindet und was dich von allen unterscheidet: »Das Glück besteht darin, zu leben wie alle Welt und doch wie kein anderer zu sein.« (Simone de Beauvoir)

➚ ERFOLG

Erschließe den Reichtum in dir. Mach deine Talente für möglichst viele Menschen nutzbar!

HÖFLICHKEIT

Engel sind von Natur aus taktvolle Wesen. Sie achten darauf, sich nicht mit ihren Flügeln anzurempeln, selbst wenn sie schnell fliegen.

Engel wissen, dass es hilft, freundlich zueinander zu sein. Einige Menschen glauben, keine Zeit für Höflichkeit zu haben. Direkt zur Sache zu kommen, steht hoch im Kurs. Doch dezente Umwege führen manchmal leichter zum Ziel und sind schöner.

Handle heute mit der Höflichkeit des Herzens.

Du bist am unwiderstehlichsten, wenn du aus dir heraus handelst und weder halbe Sachen noch etwas Aufgesetztes machst. Setz deine persönliche Macht ein. »In jedem von uns steckt ein König. Sprich zu ihm, und er wird hervorkommen.« (Skandinavisches Sprichwort)

Natürlich triffst du auf Hindernisse und Widerstände. Auch wenn es manchmal der einfachste Weg zu sein scheint: Hüte dich davor, sie zu ignorieren oder zu umgehen. Sieh sie als Herausforderung an. Du hast eigentlich keine Feinde, es gibt nur einige Leute, die dir durch ihre Eigenart deine empfindlichen Stellen bewusst machen.

Wenn du den Mut aufbringst, dich solchen Schwächen und damit verbundenen Schmerzen und Ängsten zu stellen, dann hilft dir auch das bei der Verwirklichung deiner Ziele. Du wirst jedes Mal auf dich zurückverwiesen und erneut an den Punkt geführt, wo du deine Entschlossenheit unter Beweis stellen musst.

Die Karte der HÖFLICHKEIT bietet gute Chancen, um mit Respekt zu handeln – und Stress zu bewältigen.

Bei dieser Karte geht es darum, ...
... dass du auf Hektik verzichtest.
... dass du deine Mitmenschen aufmerksamer wahrnimmst.
... dass du ein besseres Gespür für dich selbst entwickelst.
... dass du dich aus scheinbaren Sachzwängen befreist.

TIPP

Wenn du dir die Energie deiner Mitmenschen zunutze machen kannst, bist du lockerer und stärker, als wenn du ohne oder gegen sie handelst!

♥ LIEBE

Versuche nicht, anderen deinen Willen aufzuzwingen, und lass dir selber nichts diktieren.

♣ GLÜCK

Warte, bis sich deine Sicht der Dinge rundet und bis dein Entschluss feststeht. Wenn du soweit bist, zögere nicht länger, bringe deinen Ball ins Spiel!

➚ ERFOLG

Lass dich nicht in eine Zwickmühle treiben.

STÄRKE

Dein Engel schenkt dir heute viel Stärke für den Tag. Es gibt Tage, da stürmt es von allen Seiten auf dich ein. Du stehst mitten im Strudel der Ereignisse. Große und kleine Angriffe und kein Ausweg?

Dein Engel gibt dir diesen magischen Spruch mit auf den Weg:
„Allüberall schützt mich ein Wall aus Kristall."

Wenn es mal zu viel werden sollte:
Dieser Zauber gibt dir immer Schutz und Stärke.

Ein alter Zen-Spruch lautet: »Triffst du Buddha unterwegs, töte ihn!« Das heißt, räum alle Idole, vermeintlichen Autoritäten sowie alle aufgesetzten Selbst-Ideale aus dem Weg. Vergewissere dich deiner Stärke und deiner Freiheit, ergreif Besitz von ihnen.

Es geht nicht um Selbstaufgabe oder Aufopferung, sondern um die Hingabe an dich selbst. Akzeptier dich ohne bestimmte Erwartungen und Vorurteile. Der Tod der unfruchtbaren Träume, Vorstellungen und Theorien lässt einen neuen, strahlenden Horizont aufziehen.

An die Stelle von festen Konzepten, ständiger Kontrolle und Rechtfertigung tritt die Fähigkeit, den Augenblick anzunehmen, in der Situation zu entscheiden und zu antworten. Sei stets hellwach, um die Erfordernisse des Augenblicks zu erkennen, dies bedeutet im Grunde nichts anderes, als dich immer wieder anzunehmen. Es ist wie eine Liebeserklärung an dich selbst.

Die Karte der STÄRKE bietet gute Chancen zur Besinnung auf das Wesentliche.

Bei dieser Karte geht es darum, ...
... dass du wach bist, um die Erfordernisse des Augenblicks zu erkennen.
... dass du nicht verkrampfst.
... dass du auf dein Atmen achtest.
... dass du auch unter Stress den Spaß nicht verlierst.

TIPP

»Der Kopf ist rund, damit das Denken seine Richtung wechseln kann.« (Francis Picabia) Lass es heute reichlich umherwandern.

LIEBE

Klarheit und Wachheit geben dir eine neue Stärke und entfachen eine neue Leidenschaft!

GLÜCK

Öffne dich dem Strom des Lebens.

ERFOLG

Gehe sorgsam mit Gedanken und Entscheidungen um, und der Erfolg ist auf deiner Seite.

TRÄUME

Über dir schwebt heute mit seinen bunten Ideen der Engel der Träume. Engel können Träume immer sehen. Menschen vergessen meist die Träume der Nacht und verlieren manchmal den Glauben an ihre Lebensträume.

Mach deine Träume wahr. Es gibt niemanden, der es sonst für dich tun könnte. Geh die ersten Schritte in die richtige Richtung, auch wenn es dir aussichtslos erscheint. Du wirst sehen, Engel kommen dann von allen Seiten, dich zu unterstützen.

Nur Mut, mach es wahr.

»Jedes Leben steht unter seinem eigenen Stern.« (Hermann Hesse) Wenn du deinem folgst, gelangst du an den richtigen Platz, und du wirst aufhören zu suchen. Wenn du deine Träume wirklich ernst nimmst und verfolgst, dann kann das, was vorher dein Mangel war, deine Sehnsucht oder bloß ein Schimmern in der Nacht, den Tag bestimmen und dein Leben hell und strahlend machen.

Deinem Stern folgen, heißt: Klar sein und deinen Traum verwirklichen wollen. Du darfst dich nicht mit Redensarten wie »Greif nicht nach den Sternen« abspeisen lassen. Du musst scharfsinnig beobachten, damit du die Geschehnisse im Zusammenhang sehen und deine Bahn erkennen kannst. Und du brauchst Mut, um die gewohnten Bahnen zu verlassen, wenn deine Sehnsucht dich zu neuen Ufern führen will.

Dann kommst du schließlich an den Punkt, wo du auf einmal dein inneres Wesen wie in einem Spiegel siehst – und alles glänzt und funkelt. Du findest die wirklichen Schätze deines Lebens in dir.

Die Karte der TRÄUME bietet gute Chancen, über große Träume, langfristige Ziele und Lebensaufgaben nachzudenken.

Bei dieser Karte geht es darum, ...
... dass du dir etwas vornimmst.
... dass du heute die Sterne betrachtest.
... dass du auf deine Träume achtest.
... dass du Träume zu deuten lernst.

TIPP

Du bist der Stern in deinem Leben. Du bist einzigartig und bedeutend. Glaub an dich, und unternimm etwas, damit deine Träume wahr werden.

♥ LIEBE

Träume nicht dein Leben, sondern lebe deine Träume.

♣ GLÜCK

Manche Träume darfst du nicht einfach so für bare Münze nehmen, du musst das Symbolische daran erkennen, sie als eine Botschaft zu verstehen lernen.

➚ ERFOLG

»Die meisten Menschen überschätzen, was sie in zwei Wochen erledigen, und sie unterschätzen, was sie in zwei Jahren erreichen können.« *(Werner Tiki Küstenmacher)*

VITALITÄT

Heute rät dir dein Engel, etwas für deine Vitalität zu tun. Menschen machen Sport, um den Körper fit zu halten. Engel treiben keinen Sport.

Sie wissen aber, dass es beim Sport in Wirklichkeit darum geht, das Leben zu spüren. Das macht dich beim Training glücklich. Dieses Gefühl kannst du auch ohne Sport haben – jeden Tag und jede Minute.

Fang jetzt an: Spüre deine Schritte auf dem Boden und deinen Atem in der Nase. Das bist du!

Du hast Feuer, das aus dem Herzen kommt, Lebenslust und Freude. Du bist eine offene, direkte und lustbetonte Person. Du bist wie ein Feuerwerk, impulsiv und sehr anziehend.

Du kannst enorm viel Wärme abgeben, dich begeistert engagieren und großzügig sein. Du stehst mit deinen Lebensenergien und deiner Sexualität in gutem Kontakt. Du lebst und liebst wild und leidenschaftlich.

Du kannst dich gut selbst behaupten. Du besitzt eine intuitive Kreativität und Autorität. Du genießt das Spiel, das Balgen und Jagen wie eine Katze. Du bist fröhlich, sicher und erfolgreich, ein Sonnenschein für deine Umgebung, wenn du nicht gerade mit jemand Katz und Maus spielst.

Die Karte der VITALITÄT lädt dazu ein, fünf gerade sein zu lassen und die Lust an die erste Stelle zu setzen.

Bei dieser Karte geht es darum, ...
... dass du Ruhe brauchst.
... dass du Abenteuer brauchst.
... dass du deine Lebendigkeit spürst.
... dass du dich nicht einsperren lässt.

TIPP

Verlass dich auf deine Schöpferkraft und auf die Fähigkeit, zur richtigen Zeit einzugreifen und die Dinge in Bewegung zu setzen.

♥ LIEBE

Selbständigkeit und Selbstbestimmung vervielfachen den Zauber der Liebe.

♣ GLÜCK

Deine Fähigkeit, etwas in Bewegung zu versetzen, stellt ein besonderes Talent dar.

↗ ERFOLG

Lass die Katze aus dem Sack! Zeig, was in dir steckt!

WACHSTUM

Heute schickt dir dein Engel Licht für Wachstum in allen Bereichen. Die Engel singen Schillers Lied: „Freude heißt die starke Feder in der ewigen Natur ...“ Freude, Liebe und Vertrauen lassen alles Leben wachsen.

Feiere jeden Tag das Wachstum. Du kannst dazu dem Baum in deiner Straße Freude beim Wachsen wünschen oder Kindern beim Spielen zuschauen.

Genieße das Wunder des Lebens.
Es ist überall.

Vieles wächst von selber, manches musst du aber auch entwickeln, hegen und großziehen!

Deine Verarbeitung von Erlebnissen und Eindrücken offenbart sich in einer Neugestaltung deines Alltags. Du hast einen sicheren Stand gefunden. Du mischst Altes und Neues, Gewohntes und Fremdes zu deinem Stil, schaffst neue Formen und Qualitäten. Du hast Lust an Spiel, an Schöpfung und Wachstum und entwickelst zur Verfolgung deiner eigenen Ziele einen Entdeckungs- und Tatendrang.

Wenn du gründlich abwägst und die Natur der Dinge studierst, erkennst du ihren inneren Zusammenhang.

Du erfährst, was für dich gut ist und was nicht. Dir steht mancher Weg offen. Solange du bereit bist, immer wieder neu zu experimentieren und einiges auszuprobieren, bist du flexibel und kannst alles so einrichten, wie es für dich passt. Du erlebst dabei manche Verunsicherung, aber auch die Freude, dass du sagen kannst: »Hier bin ich, und das ist mein Weg.«

Die Karte des WACHSTUMS bietet gute Chancen, neue Erfahrungen zu machen: neue Leute zu treffen, neue Städte zu besuchen und neue Abenteuer zu erleben.

Bei dieser Karte geht es darum, ...
... dass du den Künstler (die Künstlerin) in dir weckst.
... dass du für dich sorgst.
... dass du neue Herausforderungen suchst.
... dass du zum Wachstum anderer beiträgst.

TIPP

Richte dir eine Kreativitätswerkstatt ein: Einen Ort und eine Zeit, wo du regelmäßig verweilst; einen Platz der kreativen Ideen; einen Raum, der vieles enthält, was dir lieb und wichtig ist.

LIEBE

Warte nicht, bis dich jemand abholt. Handle und stell dein Licht nicht länger unter den Scheffel.

GLÜCK

Alles, was du für dein Glück brauchst, hast du in dir. Aber du musst jetzt auf der Bildfläche erscheinen. Zeig dich! Komm raus aus dem Schneckenhaus und schaff dir Raum.

ERFOLG

Es geht darum, dass du jetzt zeigst, wie schön und stark du bist, dass du deine Persönlichkeit voll zur Entfaltung bringst und deine Art zu leben und zu lieben auslebst und genießt.

FÜLLE

Heute hat dein Engel mit dir Spaß an Fülle und Genuss. Genuss bedeutet Lebensfreude.

Der Mensch hat seine Sinne, um das Leben zu genießen. Wenn Engel Eis essen, dann genießen sie mit allen Sinnen. Kein Engel käme auf die Idee, dass er sündigt, wenn er genießt. Oder bereitet dir dein schlechtes Gewissen Genuss?

Dann genieße es heute, dich mit allen Schwächen selbst zu lieben.

Die Fülle des Lebens ist ein hohes Gut – und das Meiste davon bekommst du geschenkt: dein Leben, deine Talente, deine Träume. Diese Geschenke anzunehmen und zu vermehren, ist deine Aufgabe.

Deshalb stellen sich die Fragen: Was fängst du damit an, wie nutzt du dein Potenzial? Was kannst du, was fehlt dir, was möchtest du gerne ausprobieren? Sag nicht vorschnell: Das oder das kann *ich* doch nicht. Der Schlüssel dazu ist einzig deine Bereitschaft, dich und deine Möglichkeiten in ihrem ganzen Spektrum zu erfahren.

Ein Leben in Fülle ist nicht nur etwas, dass wenigen Reichen oder Eingeweihten möglich ist. Es ist eine Aufgabe, die sich jedem von uns stellt. Es zu realisieren ist das Einfache, das schwer zu machen ist. Es geht darum, in dir die Synthese der Gegensätze zu verwirklichen, etwa von bewusst und unbewusst, von jung und alt, weiblich und männlich, stark und schwach.

Je mehr du von deinen Gaben Gebrauch machst und sie auf deine Weise im Leben zum Tragen kommen, desto mehr wird der Unterschied zwischen bloßem Überleben und einem reichen menschlichen Leben greifbar – für dich, und durch dich auch für andere.

Die Karte der FÜLLE bietet einen guten Anlass, über das Thema Meisterschaft im Leben nachzudenken: Werde, der oder die du bist – der Meister oder die Meisterin in eigener Sache!

Bei dieser Karte geht es darum, ...

... dass du aus deinem Leben etwas Großes machst.
... dass du in deinem Leben etwas Sinnvolles schaffst.
... dass du vieles erlebst und genießt.
... dass du ein realistisches Verständnis für deine Möglichkeiten entwickelst.

TIPP

Vertraue auf deine Möglichkeiten, und gestehe dir bisher unausgesprochene Wünsche und Ängste ein!

LIEBE

Was du erlebst, ist auch eine Bewährungsprobe für die Liebe. Gib ihr eine neue Chance.

GLÜCK

Deiner Seele wachsen Flügel, wenn sie ein Ziel hat, für das sie sich begeistert.

ERFOLG

Ein reiches, erfülltes Leben, das die Fülle der eigenen Möglichkeiten nutzt, ist dein größter Erfolg.

Seid dankbar. – Das große Ergebnis der bisherigen Menschheit ist, dass wir nicht mehr beständige Furcht vor wilden Thieren, vor Barbaren, vor Göttern und vor unseren Träumen zu haben brauchen.
(Friedrich Nietzsche)

Engel als Wegbegleiter

Engel – kaum ein anderes Thema ist gegenwärtig in den Medien weiter verbreitet. Wir hören »*Send me an angel*« und »*There must be an angel*«, und wir sehen Engel im »Himmel über Berlin« und die »Drei Engel für Charlie«. Auch die Band namens »*No Angels*« spielt mit der großen Popularität, die die Flügelwesen heute genießen. Und die weltgrößte Filmindustrie, deren Bilder die Fantasien und Träume von Abermillionen Menschen stark beeinflussen, stammt aus Hollywood in Los Angeles, was wörtlich übersetzt »die Engel« heißt!

Ein stark geschminkter, sehr weiblich aussehender Engel bietet verführerisch Zigaretten einer bekannten Marke an; auf Quittungsvordrucken der Deutschen Post wacht zwischen bauschigen Himmelswölkchen ein muskulöser, männlicher Engel. Für einen fettreduzierten Frischkäse werben gleich ein halbes Dutzend attraktiver weiblicher Engel auf himmlischen Wolkenteppichen. In gelber Kluft erscheinen sie als Pannenhelfer auf der Autobahn, in Blau strahlen sie uns von Putzmitteln entgegen.

Die Vermarktung der Engel boomt, laufend kommen neue Produkte, die mit ihnen beworben werden, auf den Markt. Doch es nicht nur die kommerzielle Wirksamkeit, die sich hierin zeigt. Der neuen Engelbegeisterung liegen auch zentrale menschliche Glaubensfragen zugrunde, die heute aktueller sind denn je.

Schon immer haben Engel sehr unterschiedliche Wesenszüge an den Tag gelegt: Sie waren ermunternde, aber auch warnende Geschöpfe, verkündende, schützende, mahnende, stärkende, seelenbegleitende, aber auch verführende Diener Gottes.

»Fürchtet euch nicht!«

Die Vorstellung von Boten, von Brücken zwischen Himmel und Erde, von himmlischen Wesen in menschenähnlicher Gestalt, die zwischen oben und unten vermitteln, gehört zu den mythischen Urbildern. Die Hauptaussage der Engel im Neuen Testament lautet immer und immer wieder: »Fürchtet euch nicht!«

Interessanterweise erleben wir das heutige riesige Interesse an Engeln zu einer Zeit, da sich in der westlichen Welt die Kirchen auf dem Rückzug befinden. Experten haben diesen Vorgang unterschiedlich gedeutet. Für einige wie für Peter L. Berger belegt dieser Trend eine neuartige, persönlichere Beschäftigung der Menschen mit Gott und mit religiösen Fragen. Das würde bedeuten, dass die Menschen hierzulande vermehrt eigene Wege gehen, was Gott und Religion angeht. Diese Wege sind demnach Ausdruck einer immer individueller werdenden Spiritualität, die innerhalb der Kirchen keinen Platz hat.

Andere wie Michael Murphy plädieren für die Stärkung der menschlichen Autonomie. Die vielen Engel erscheinen diesen Stimmen eher als eine Ausflucht. David Meyers meint: »Alles Gute, was uns gehört und das wir uns noch nicht zu sein trauen, nennen wir Engel. Es wäre vielleicht besser, an die menschlichen Möglichkeiten zu glauben als an Engel, denn so kämen wir eher in die Lage, unser Potenzial auszuschöpfen.« Gemäß dieser Sichtweise liegt ein großer Teil der menschlichen Fähigkeiten noch brach. Würden wir sie nutzen, so sähe die Welt anders aus. Dann gäbe es vielleicht den Himmel auf Erden.

Welcher Himmel?

»Imagine there's no heaven / It's easy if you try / No hell below us / Above us only sky / Imagine all the people / living for today ...« Diese Zeilen von John Lennon aus seinem bekannten Song *»Imagine«* bringen eine andere Perspektive zum Ausdruck: »Stell dir vor, es gibt keinen Himmel / das ist einfach, wenn du's mal probierst / keine Hölle unter uns / über uns nur die große Offenheit / stell dir vor, wie all die Leute / fürs Heute leben ...«

Das ist eine ziemlich radikale Position: Wir müssen Himmel und Hölle abschaffen, um ganz im Hier und Jetzt leben zu können.

So ketzerisch das für manche klingen mag, so sehr kann sich diese Position jedoch auch auf Alltagserfahrungen stützen, die wir alle kennen. »Des Menschen Wille ist sein Himmelreich«, sagt ein deutsches Sprichwort.

Der Himmel ist eben nicht nur das Reich Gottes, Quelle der reinen Inspiration und des vertrauenswürdigen Ratschlags.

Der Himmel ist auch ein Spiegel des menschlichen Willens mit seinen Wünschen, Ängsten, Idealen und Illusionen. Diese Art von Himmel abzuschaffen, wäre vielleicht gar nicht so übel. Denn das hätte zur Folge, dass man hier in diesem Leben wunschlos glücklich leben könnte.

Engel als Helfer zur Selbsthilfe

Wunschlos glücklich zu leben, ist das große Ziel vieler Religionen und Weltanschauungen. Doch wie erreichen wir dieses Ziel? Offensichtlich kann man Himmel und Hölle nicht einfach per Beschluss oder Gesetz verbieten oder abschaffen.

Manche raten zu radikalem Verzicht gemäß dem Motto: »Wer nichts begehrt, hat auch keine Wünsche.« Doch diese Logik führt nicht weiter, denn sie fördert unsinnige Ergebnisse zutage, wie etwa: Wer ohne Kopf lebt, kann keine Kopfschmerzen bekommen. Oder: Wer nicht geboren wird, muss auch nicht sterben.

Nein, diese Art von Verzicht stellt keine wirkliche Lösung dar. Der Weg zum wunschlos glücklichen Leben geht – nur scheinbar paradox – über die Erfüllung von Wünschen und die Überwindung von Ängsten. Das heißt:

- sinnvolle Wünsche verstehen und erfüllen,
- sinnlose Wünsche erkennen und aufgeben,
- berechtigte Ängste ernst nehmen und Vorsorge treffen,
- unberechtigte Ängste erkennen und loslassen.

Dieser Weg ist nicht immer leicht. Doch es gibt kaum einen besseren, wenn es um die seelische Reise und die Ernte in deinem Leben, um die Fülle deiner Möglichkeiten geht.

Dieser Weg hat außerdem einen besonderen Reiz, einen Charme – denn dieser Weg der Analyse und Aufarbeitung der Wünsche und Ängste ist der Weg, den dein Engel für dich auswählen würde, denn der *Weg der Wünsche* ist der Weg der Läuterung und der Reifung – kurz: es ist der Weg des *Engels in dir!*

LITERATURHINWEISE

Sanja Burg / Ann Rosner: Witch Girl Tarot. Krummwisch 2004
A. M. Fröhlich (Hg.): Engel – Engel. Texte aus der Weltliteratur. Zürich 1991
Heinrich Krauss: Kleines Lexikon der Engel. München 2001
Andrea Schaft: Engel und Elfen begleiten dich. Erzengel und Erdengel sind an unserer Seite. München 2000
Pia Schneider: Engelhelfer. Krummwisch 2004
Rena Terhef: Tarot für Zauberhexen. Krummwisch 2001
Andy Warhol: Engel, Engel, Engel. Weingarten 2001
Uwe Wolff: Die Wiederkehr der Engel. Boten zwischen New Age, Dichtung und Theologie. Stuttgart 1991
Uwe Wolff: Das große Buch der Engel. Freiburg 1994

Orakelspiele aus dem Königsfurt Verlag

Neue Sicht auf alte Orakel

Der Dalai Lama befragt vor wichtigen Entscheidungen seine Orakel. Viele Menschen in aller Welt halten es ebenso. Orakel sind heute Spiegel und Inspiration, Spiel und Wegweisung. Es kommt nur darauf an, ein Orakelspiel zu verwenden, zu dem man selbst eine Berührung, einen Zugang verspürt. Und darauf, sich von abergläubischen Deutungen zu trennen.

Die psychologische Symboldeutung nutzt Orakelkarten als inspirierende Kristallisationspunkte. Hier geht es um neue Möglichkeiten und eine größere Verantwortung für das eigene Handeln – kurz, um einen bewussten Umgang mit dem eigenen Wollen und Leben. So gesehen, sind die scheinbar so alten Orakelkarten auch sehr modern. Viele Elemente der Tradition sind für die Gegenwart durchaus nützlich. Die Zukunft gestalten (nicht vorhersagen!) heißt, aus der Vergangenheit lernen und die Gegenwart bewusst erleben!

ENGELHELFER
Set mit Buch und Sibylle der Engel-Karten
ISBN 978-3-89875-695-2
Buch separat: TB, 96 S.,
ISBN 978-3-89875-696-9

RICHARD WITTHÜSER
EIN ENGEL FÜR DICH
32 Inspirationskarten mit Bild und Text
8 x 14,5 cm im eleganten Slim-Pack
ISBN 978-3-89875-723-2
Himmlische Streicheleinheiten für gestresste Seelen!

CHOR DER ENGEL
80 Inspirationskarten
mit dt. Anl.
ISBN 978-3-89875-538-2

SIBYLLE DER ENGEL / ENGEL-ORAKEL
32 Orakelspielkarten
mit dt. Anl.
ISBN 978-3-89875-637-2

IKONEN ENGEL / KARMA ANGELS
32 Orakelspielkarten
mit dt. Anl.
ISBN 978-3-89875-602-0

CHOR DER HEILIGEN
78 Inspirationskarten
mit dt. Anl.
ISBN 978-3-89875-636-5

ART DECO WAHRSAGEKARTEN
52 Orakelspielkarten
mit dt. Anl.
ISBN 978-3-89875-694-5

BIEDERMEIER AUFSCHLAGKARTEN
32 Orakelspielkarten
mit dt. Anl.
ISBN 978-3-89875-693-8

ZIGEUNER WAHRSAGEKARTEN
36 Orakelspielkarten mit dt. Anl. / Titel
ISBN 978-3-89875-609-9

MUTTER NATUR ORAKEL
32 Orakelspielkarten
mit dt. Anl.
ISBN 978-3-89875-606-8

ORIGINAL KIPPER WAHRSAGEKARTEN (ASS)
36 Orakelspielkarten
ISBN 978-3-89875-714-0

MARSEILLER ORAKELSPIELKARTEN
32 Orakelspielkarten
mit dt. Anl.
ISBN 978-3-89875-640-2

NORDISCHES RUNENORAKEL
32 Orakelspielkarten
mit dt. Anl.
ISBN 978-3-89875-647-1

Spiel mit dem Zufall

Was macht den Reiz von Orakelspielkarten aus? Nicht zuletzt der Reiz des Spiels! »Der Mensch spielt nur, wo er in voller Bedeutung des Wortes Mensch ist, und er ist nur da ganz Mensch, wo er spielt«, sagte einst Friedrich Schiller und erhob damit den homo ludens zum Ideal. Ohne Risiko ausprobieren und dabei quasi nebenbei für die Realität trainieren, das ist Spiel. Spielerisch lernen, was auf dem Spiel steht, mit dem Feuer spielen, vielleicht das Spiel zu weit treiben, auf jeden Fall etwas, nämlich sich selbst ins Spiel bringen, um schließlich auch im wirklichen Leben zu wissen, was gespielt wird.

FATIMA ORAKELSPIELKARTEN
32 Orakelspielkarten
mit dt. Anl.
ISBN 978-3-89875-674-7

EDELSTEIN ORAKELSPIELKARTEN
32 Orakelspielkarten
mit dt. Anl.
ISBN 978-3-89875-639-6

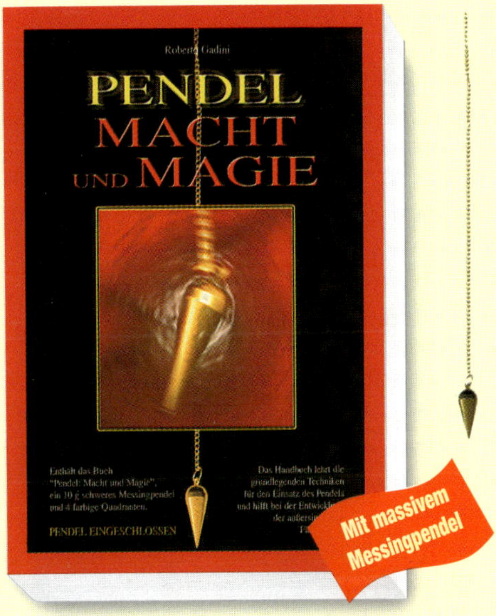

Roberto Gadini:
Pendel – Macht und Magie
Set mit Buch und massivem Messingpendel in Tropfenform (10 g)
Paperback, 11 x 16,5 cm, 64 S., Text mehrsprachig
ISBN 978-3-89875-725-6

Grundlegende Einführung in die Theorie und Praxis des Pendelns mit extra großen farbigen Pendeltafeln zu wichtigen Fragenkomplexen des Alltags wie Liebe, Arbeit, Gesundheit usw.
Sofort umsetzbar mit Hilfe des beiliegenden massiven Messingpendels in der bewährten Tropfenform.

Magie der Zahlen Orakelspielkarten
32 Orakelspielkarten
mit dt. Anl., 62 x 99 mm
ISBN 978-3-89875-726-3

Talismane des Erfolgs Orakelspielkarten
32 Orakelspielkarten
mit dt. Anl.
ISBN 978-3-89875-638-9

Hindu Orakel der Erweckung
32 Orakelspielkarten
mit dt. Anl.
ISBN 978-3-89875-673-0

Kalachakra Orakelspielkarten
32 Karten mit
dt. Anl.
ISBN 978-3-89875-603-7

Rena Terhef:
I Ging – Liebe, Glück, Erfolg, Buch und
I Ging Münzen im Set
ISBN 978-3-89875-755-3

I Ging
64 Karten mit
dt. Anl.
66 x 120 mm.
ISBN 978-3-89875-601-3

Fantasie als Triebkraft

Zukunft kann man nicht vorhersagen, man kann sie jedoch aktiv gestalten. Dazu muss man sich aber überlegen, *wie* man sie gestalten will. Und dazu wiederum gehört Fantasie. »Nur wer gut fantasiert, kann auch gute Entscheidungen treffen«, schreibt der Psychologe Thomas Kornbichler in einem seiner Bücher. In der Fantasie projizieren wir unser innerstes Wünschen, unser Wollen in eine noch nicht wirkliche Zukunft. Fantasie ist im besten Falle Probehandeln. Hören Sie also auf Ihre Fantasie, probieren Sie spielerisch aus, was Sie wirklich wollen und wie Sie Ihre Zukunft gestalten wollen!

Lenormand - Karten

Die Orakelspielkarten nach Madame Lenormand (1772-1843) sind die wohl bekanntesten und meist gekauften. Die einfache Symbolik auf den zumeist 36 Karten (es gibt auch Varianten mit mehr Karten) ermöglicht einen unkomplizierten Zugang. Eine umfangreiche Einführung in die moderne psychologische Symboldeutung der Lenormand-Karten bietet das Buch von Harald Jösten. Sie finden beim Königsfurt Verlag die zur Zeit größte Auswahl an Lenormand-Karten.

HARALD JÖSTEN: DER NEUE SCHLÜSSEL ZU DEN KARTEN DER MME. LENORMAND
Set (Buch + Cartamundi Karten)
ISBN 978-3-89875-687-7,
Buch separat: ISBN 978-3-89875-688-4

LENORMAND 1890 ORAKELKARTEN
(Lo Scarabeo)
ISBN 978-3-89875-607-5

LENORMAND KARTEN
(Lo Scarabeo)
mit Kartenbildern
ISBN 978-3-89875-727-0

LENORMAND KARTEN
(Königsfurt)
mit Versen:
ISBN 978-3-89875-779-
mit Kartenbildern:
ISBN 978-3-89875-877-

LENORMAND WAHRSAGEKARTEN
(Piatnik)
ISBN 978-3-89875-608-2

LENORMAND WAHRSAGEKARTEN (Cartamundi)
mit Kartenbildern
und Versen
ISBN 978-3-89875-574-0

LENORMAND WAHRSAGEKARTEN (ASS)
mit Kartenbildern:
ISBN 978-3-89875-622-8
mit Versen:
ISBN 978-3-89875-623-5

Lenormand – der neue Ansatz

In der Traumdeutung stehen *Vögel* für die Liebe , Weisheit, Freiheit, Überblick (»Vogelperspektive«) u.v.m.; sie warnen aber auch vor Abgehobenheit, falschem Idealismus und Wunschdenken. Harald Jösten ist es gelungen, diese wichtigen und spannenden Doppeldeutungen für die Bildsymbole jeder Lenormand-Karte herauszuarbeiten. Damit wird eine neue, vielversprechende Dimension im Umgang mit den Lenormand-Karten eröffnet, die zugleich einen einfachen Einstieg in die kreative Deutung von Alltagssymbolen ermöglicht.